Robin Fortin

COMPRENDRE L'ÊTRE HUMAIN
POUR UNE VISION MULTIDIMENSIONNELLE
DE L'ÊTRE HUMAIN

Préface de Thomas De Koninck

Les Éditions DÉPUL
L'Harmattan

Catalogage avant publication de Bibliothèque et Archives Canada

Fortin, Robin, 1962-

Comprendre l'être humain : pour une vision multidimensionnelle de l'être humain

2e éd.

(Collection L'Intervention éducative)

Publ. en collab. avec L'Harmattan.

Comprend des réf. bibliogr. et un index.

ISBN 978-2-9809682-0-4 (Éditions DÉPUL)

ISBN 978-2-29602605-6 (L'Harmattan)

1. Homme. 2. Anthropologie philosophique. 3. Complexité (Philosophie). I. Titre. II. Collection.

BD450.F65 2007   128   C2007-940002-7

COMPRENDRE L'ÊTRE HUMAIN.
POUR UNE VISION MULTIDIMENSIONNELLE DE L'ÊTRE HUMAIN

Mise en pages et maquette de couverture : Diane Trottier
Révision linguistique : Solange Deschênes

En couverture: Image fractale, création de Jacques Poitras, 2003

Dépôt légal – Bibliothèque et Archives nationales du Québec, 2007.
Dépôt légal – Bibliothèque nationale du Canada, 2007.

© Les Éditions DÉPUL – Tous droits réservés

Ce livre est distribué par :

Distribution de livres UNIVERS
845, rue Marie-Victorin
Saint-Nicolas (Lévis, Québec) Canada G7A 3S8

Téléphone : (418) 831-7474 ou 1 (800) 859-7474
Télécopieur : (418) 831-4021
Courriel : univers@distribution-univers.qc.ca

*À mon frère Jocelyn, pour
son courage et sa grande générosité*

Fidèle à sa volonté de maintenir vivant l'ensemble du catalogue et de continuer à rendre accessible à tous la richesse de son contenu, Les marques du groupe L'Harmattan proposent les ouvrages, même s'ils sont épuisés dans leur premier tirage, et les impriment à la demande.

Au vu de l'ancienneté de ce titre, un exemplaire original a été numérisé pour être réimprimé, ce qui pourrait altérer légèrement la qualité de certains passages.

REMERCIEMENTS

Je tiens à remercier Gaston Marcotte pour ses conseils, son soutien et son aide tutélaire. Ami fidèle et collaborateur de la première heure, son concours a été indispensable à la réalisation de ce travail. Sans lui, cet ouvrage n'aurait jamais vu le jour.

Edgar Morin a lu cet ouvrage dans sa première version. Ses remarques judicieuses et ses suggestions ont été à l'origine de modifications importantes mais fructueuses. Je le remercie pour l'intérêt qu'il a porté à ce travail et pour le temps qu'il a pu y consacrer. Enfin, le sociologue David Rompré a eu le courage et la patience de procéder à une lecture critique de cet ouvrage. Sa contribution a été fondamentale, et cet ouvrage, grâce à lui, a pu bénéficier de ce regard perçant, attentif, qui scrute les moindres détails et qui ne tient rien pour acquis. Qu'il soit remercié encore une fois.

TABLE DES MATIÈRES

Préface 13
Avant-propos 25

PREMIER CHAPITRE :
LES OBSTACLES À UNE VÉRITABLE CONCEPTION DE L'ÊTRE HUMAIN

Les guerres pour la nature humaine 31
    Science ou religion 31
    Inné ou acquis 33
    Liberté ou déterminisme 35

Autres obstacles à une véritable conception de l'être humain 37
    Une approche disciplinaire mutilante 37
    L'échec des sciences humaines 39
    Spécialisation et hyperspécialisation 40

Le grand paradigme d'Occident 43

DEUXIÈME CHAPITRE :
POUR UNE CONCEPTION MULTIDIMENSIONNELLE DE L'ÊTRE HUMAIN

PREMIÈRE PARTIE :
De l'univers à nous. Nos lointaines origines

La naissance de l'univers 52
    Les galaxies 55
    Les étoiles 56

Notre Soleil 58
Les planètes 60
La Terre 63
L'origine de la vie 64
La photosynthèse, une étape importante 69
L'évolution de la vie 71
L'homme et l'animal, le lien et la rupture 74

Deuxième partie :
L'être humain, un être multidimensionnel

La dimension corporelle 80
Le corps vu comme objet de mépris 80
Le corps et son enracinement vivant 82
L'importance du corps 84
Le corps comme moyen de connaissance 87
Le corps comme moyen d'action 90
La plasticité du corps 91
Le corps comme dimension fondamentale 94

La dimension affective 95
L'ultime mépris du corps, le mépris de l'affectivité 95
Le corps et la dimension affective 97
Ce que sont les émotions 99
Ce que sont les passions 100
Nécessité et danger des passions 101
Ce que sont les sentiments 103
L'affectivité, nœud gordien entre l'esprit et le corps 105

La dimension mentale 107
La conscience 108
La conscience et l'inconscient 110
La raison 112
Raison et rationalisation 114
L'imagination 116

Imagination et création ... 119
La volonté ... 121
La spiritualité ... 123
La dimension mentale, épicentre de toutes les dimensions ... 125

La dimension sociale ... 128
  Appartenance et communication ... 130
    Nécessité de l'appartenance ... 130
    La communication, fondement de la société ... 134
  Le pouvoir d'État ... 137
  La technique comme possibilité de libération ou d'asservissement ... 141
  Travail, économie et loisirs ... 145
    L'importance du travail ... 145
    La dimension économique ... 148
    Les loisirs, le grand « oublié » ... 151
  Croyances, sens et idéologies ... 155
    Croyances et idéologies ... 155
    Croyance(s) et certitude ... 158
    Les croyances et la question du sens ... 160
    Les valeurs ... 161

La dimension morale ... 163
  Morale et éthique ... 163
  Intention et action ... 166
  La conscience morale ... 169
  La responsabilité morale ... 171
  La société, fondement de la morale ... 174

La dimension écologique ... 178
  L'intégration biologique ... 179
  L'intégration physique ... 181
  La conscience écologique ... 183
  De la conscience à l'action écologique ... 187
  La conscience écologique, dernier avatar de la conscience ... 190

TROISIÈME CHAPITRE :
À LA RECHERCHE DU « PARADIGME PERDU »

Le besoin d'une nouvelle vision 197
    Une vision complexe 197
    Une vision globale 198

La recherche d'un nouveau paradigme 201
    Le besoin d'une synthèse 201
    Un nouveau paradigme 209

Bibliographie 215

PRÉFACE

Dans la mesure où les réalités d'ordre éthique, écologique, économique, politique dont nous sommes responsables dépendent de nos connaissances ou de leurs contraires (ignorances, erreurs), il y a forcément une relation de causalité directe entre la crise contemporaine de la connaissance et les diverses autres crises – éthique, économique, politique, écologique – qui secouent notre monde. Le fait qu'il y ait aussi d'autres causes n'enlève pas la part de responsabilité du connaître humain. L'ouvrage qu'on va lire a le grand mérite de faire face à cette question en ce qui concerne l'être humain lui-même.

L'importance que l'on accorde à la démarche des sciences pures vient de ce qu'elle est la seule qui semble rendre possible un accord universel, en reposant sur une réduction préalable de l'expérience humaine à deux domaines, extrêmement limités l'un et l'autre : celui de la perception et celui du raisonnement formel pur. La décision méthodique de s'en tenir à leur double évidence implique la mise entre parenthèses d'immenses régions de l'expérience et de tous les discours en lesquels ces dernières tentent de se dire, de s'expliciter et de se comprendre. Le savoir s'est depuis longtemps fragmenté, personne n'a le pouvoir de comprendre entièrement le monde où nous sommes. La science est une œuvre collective, l'affaire d'une communauté. Il faut la dimension d'une université ou de son équivalent, et le type de relations humaines qui la définit en principe, pour que, sous les apparences d'une diversité insurmontable, puisse émerger une vie universelle du sens, qui se construit dans une approximation permanente.

Certes, faire le tour d'une université en s'arrêtant à chaque discipline particulière permettrait d'additionner bout à bout les points de vue et donc les abstractions ou les réductions possibles – ce ne serait à vrai dire que le début d'une série infinie – auxquelles on pourrait soumettre le même être concret, et pourquoi pas tout de suite le plus concret et le plus complexe d'entre eux, l'être humain? Physique, biologie, chimie, mathématiques, anthropologie, psychologie, sociologie, économie, sciences politiques, sciences religieuses, littérature, beaux-arts, linguistique, histoire, géographie, etc., etc., toutes ces disciplines ont quelque aspect indispensable de l'être humain à révéler, mais chacune n'en offre, ce faisant, qu'une part infime. Croirait-on néanmoins, en additionnant tous ces aspects, toutes ces parts, obtenir un tout qui soit enfin l'être humain lui-même? Ce serait n'avoir rien compris.

L'écart grandit entre le discours strictement scientifique des savants et la pensée ordinaire, laquelle est pourtant aussi le fait de chaque savant dès qu'il sort de sa spécialité, ou même lorsqu'il tente d'expliquer à d'autres son savoir professionnel, voire de situer à ses propres yeux ce savoir au regard du reste de son expérience. C'est le passage au langage ordinaire qui est révélateur. Il ne peut pourtant être évité, car il n'existe pas de langue interdisciplinaire autre que lui, et l'idiome de chaque discipline demeure impénétrable aux autres, comme en la tour de Babel. En outre, il faut bien divulguer, un jour, au moins les résultats de ce savoir et leur signification à d'autres que des scientifiques.

On dénonce entre autres la dissolution de l'idée de vie même chez certains de ceux dont la profession est définie par cette dernière, à savoir des biologistes; l'élimination graduelle de l'homme en des sciences soi-disant « humaines »; l'abandon par la culture humaniste elle-même de questions fondamentales auxquelles elle doit pourtant sa première raison d'être et qui concernent tous et chacun: le sens de la vie, le bien et le mal, la dignité humaine, la société, Dieu. C'est la rupture entre nos connaissances et nos existences, entre la réflexion et la vie, qui est alors, à juste titre, incriminée. « L'intellectuel affronte de moins en moins la résistance du réel. L'essayisme risque de plus en plus l'arbitraire, l'extravagance, l'aveuglement », écrit Edgar Morin. Il est trop facile de s'en tirer en récusant les idées générales, puisque cette récusation est elle-même « la plus creuse des idées générales. Et, du reste, nul spécialiste n'échappe aux idées générales: nul ne peut se passer d'idées sur l'univers, la vie, la politique, l'amour. Finalement, loin de réduire les idées générales creuses, le règne des spécialistes les accroît ».

Les conséquences de la crise contemporaine de la connaissance sont considérables, en particulier pour les questions de méthode. L'essentiel peut en être résumé rapidement. Au cœur de la crise se découvre une nouvelle forme d'inculture, accompagnant les splendides progrès de la connaissance scientifique et de la technologie. Edgar Morin décèle un obscurantisme favorisé par la mutilation du savoir: « Nos gains inouïs de connaissance se paient en gains inouïs d'ignorance. » La connaissance scientifique nous révèle chaque jour de nouvelles merveilles sur le cosmos, sur la matière, sur la vie, sur le cerveau humain, et pourtant ce formidable enrichissement « apporte avec lui une formidable paupérisation de la connaissance », qui plus est « une nouvelle et redoutable ignorance ». Si ces maux spécifiquement modernes que sont la pollution, la dégradation écologique, la croissance des inégalités dans le monde, la menace thermonucléaire paraissent inséparables des progrès de la connaissance scientifique, si les pouvoirs asservisseurs ou destructeurs issus du savoir scientifique échappent au contrôle, c'est que chacun « devient de plus en plus ignorant du savoir existant », de « ce qu'est et fait la science dans la société ».

L'économiste américain John Kenneth Galbraith constatait qu'« une des aberrations étonnantes et peu examinées de la vie académique, professionnelle, ou des affaires, c'est le prestige accordé sans réfléchir au spécialiste ». En médecine, par exemple, poursuivait-il, « le spécialiste est considéré comme bien supérieur professionnellement et socialement au généraliste ». Or « la spécialisation engendre non seulement l'ennui mais aussi le manque d'à-propos et l'erreur. C'est certainement le cas pour toutes les questions pratiques. [...] Le spécialiste, en raison de son entraînement, exclut vertueusement ce qu'il est commode de ne pas savoir ». Les fameuses prédictions d'Ortega, il y a plus d'un demi-siècle, quant à la « barbarie du spécialisme », qui permet à des « savants-ignorants » de profiter (à leur insu souvent, peut-être) de la crédulité des masses, seraient-elles inéluctables ? Il faut donner raison au physicien David Bohm : « Ce dont on a d'abord besoin, c'est la réalisation croissante du danger extrêmement grand de continuer avec un processus fragmentaire de pensée. » Gadamer déclarait que « le rôle du philosophe dans la cité d'aujourd'hui doit d'abord être de remettre en cause l'importance grandissante de l'expert, qui, pourtant, commet toutes sortes d'erreurs, parce qu'il ne veut pas avoir conscience des points de vue normatifs qui le guident » ; la question la plus pressante est la suivante : « Comment peut-on préserver – non pas seulement en théorie ou sur le principe, mais concrètement, dans les faits – le courage de chacun à former et défendre un jugement personnel, malgré l'influence des experts et des manipulateurs d'opinion publique ? »

Faut-il accuser la science, comme les propos suivants de Husserl sembleraient le faire ? « Dans la détresse de notre vie – c'est ce que nous entendons partout – cette science n'a rien à nous dire. Les questions qu'elle exclut par principe sont précisément les questions les plus brûlantes à notre époque malheureuse pour une humanité abandonnée aux bouleversements du destin : ce sont les questions qui portent sur le sens ou sur l'absence de sens de toute cette existence humaine. »

La science n'en est en réalité nullement responsable. Du reste, Husserl ne le prétend pas. Il faut accuser plutôt le manque de culture, qui se traduit toujours par un manque de jugement. La science n'a pas à répondre à ces questions « ultimes et les plus hautes ». Car « ces questions atteignent finalement l'homme en tant que dans son comportement à l'égard de son environnement humain et extra-humain il se décide librement, en tant qu'il est libre dans les possibilités qui sont les siennes de donner à soi-même et de donner à son monde ambiant une forme de raison. Or sur la raison et la non-raison, sur nous-mêmes les hommes en tant que sujets de cette liberté, qu'est-ce donc que la science a à nous dire ? La simple science des corps manifestement n'a rien à nous dire, puisqu'elle fait abstraction de tout ce qui est subjectif ».

Il faut accuser plutôt, en un mot, la faille centrale de la culture moderne : l'erreur de prendre l'abstrait pour le concret, que Whitehead appelait à juste titre le « sophisme du concret mal placé » (*the Fallacy of Misplaced Concreteness*, autrement traduit par « localisation fallacieuse du concret »). Il va de soi que les sciences particulières ont affaire, à des degrés divers, à des abstractions, puisque telle est la condition même de notre savoir. Il avance à coup d'abstractions, grâce à cette faculté prodigieuse dont nous bénéficions, non seulement de pouvoir considérer une partie ou un aspect d'une chose en les séparant des autres, mais même de fonder là-dessus toute une science ; il en va ainsi de l'univers immense et merveilleux des mathématiques, où cependant on ne sait pas de quoi on parle, selon le mot profond de Bertrand Russell. L'erreur commence dès qu'on oublie l'abstraction fondatrice. Une « rationalité unilatérale » devient un mal : « On n'a pas le droit de porter à l'absolu et d'isoler aucune connaissance partielle, aucune vérité séparée » (Husserl).

Il est remarquable qu'en leurs acceptions originelles les mots « culture » et « concret » renvoient tous deux d'emblée à la vie même, à son développement, le second y ajoutant la notion fondamentale de croissance commune, et de totalité, puisque *concretum* est dérivé de *concrescere* qui signifie « croître ensemble ». L'arbre concret requiert un ensemble impressionnant de conditions (air, eau, terre, lumière, sève et le reste). Son être est, comme le nôtre, soumis à une temporalité précise, au mûrissement et au dépérissement ; il est en constant devenir, après quoi il meurt. Bien plus, il se produit lui-même comme individu, et ses parties également : « Les feuilles sont à la fois les produits de l'arbre et ce qui le conserve », observe Kant, qui fait excellemment ressortir à quel point dans un « produit de la nature, chaque partie, de même qu'elle n'existe que *par* toutes les autres, est également pensée comme existant *pour* les autres et *pour* le tout » ; c'est pourquoi « on la conçoit comme *produisant* les autres parties (chacune produisant donc les autres et réciproquement) ». Dans le cas d'un artefact comme une montre, en revanche, « une partie est certes là pour l'autre, mais elle n'est pas là par cette autre partie ».

Le tout concret vivant est ainsi irréductible à ses parties : la branche coupée de l'arbre n'est pas plus une branche qu'une main séparée d'un corps humain vivant n'est une main. Toute partie ou tout aspect isolé, toute abstraction en ce sens, confine à l'irréel dès qu'on la prend pour du concret. Il en est de même de tout moment isolé du devenir d'une vie, quelle qu'elle soit, y inclus bien entendu la vie humaine elle-même. La vie est toujours intérieure et personne ne l'a jamais vue de ses yeux. Il existe toutefois une différence immense, « d'une profondeur abyssale », entre le devenir de l'arbre et celui de l'être humain. Celui de l'arbre est tout entier « programmé » d'avance, comme l'a bien établi la biologie, sans que cela diminue pour autant la part de l'environnement dans son développement. La culture de l'arbre est en somme fort simple. Mais il en va tout autrement de nous autres, humains, qui sommes en tant que tels de pures ébauches au départ. Au cœur de notre condition se découvre la liberté, puissance des contraires, pouvoir du bien et du mal, dont les deux composantes les plus essentielles sont l'affectivité et l'intelligence, qui exigent toutes deux, en réalité, une attention de tous les moments. À défaut de quoi, dans les termes inoubliables de Shakespeare, « [...] 'tis an unweeded garden/That grows to seed; things rank and gross in nature/Possess it merely ». « Il n'est point de jardiniers pour les hommes », déplorait à son tour, dans une page magnifique, Antoine de Saint-Exupéry: « Ce qui me tourmente [...], c'est un peu, dans chacun de ces hommes, Mozart assassiné. »

C'est à dessein que j'utilise ici le mot « culture », qui est à entendre en son sens le plus large et le plus classique: l'être cultivé se reconnaît par son discernement, son aptitude à bien juger. On doit viser toujours l'équivalent de ce que les Grecs appelaient le *pepaideumenos* (« la personne cultivée »), en l'adaptant, bien évidemment, à notre temps: l'explosion des connaissances rend cet idéal plus difficile qu'autrefois, mais d'autant plus nécessaire. Cela implique qu'on ait appris à distinguer les différents ordres de discours et de réalité, à discerner ce qui est vraiment su et ce qui ne l'est pas encore, ou qui ne peut l'être par les méthodes habituelles; qu'on sache que, loin d'être univoques, les critères de validité ou de pertinence diffèrent parfois du tout au tout : il en est ainsi dans le domaine éthique au regard de l'univers mathématique. Qu'on se connaisse soi-même, en tant qu'agent moral, certes, mais plus radicalement encore en tant qu'être sentant et pensant, ce qui n'est accessible que par le sentir et le penser eux-mêmes tels qu'ils sont éprouvés par chacune et chacun, jamais comme quelque chose qui serait là, devant soi. L'inculture se trahit le plus souvent une première fois par un sot réductionnisme, avec son cortège d'intolérances et d'inerties. « Qui pense abstrait ? L'homme inculte, non pas l'homme cultivé », insistait Hegel.

On ne saurait échapper à une loi générale de l'évolution actuelle des connaissances au regard des problèmes concrets de la société, lesquels s'avèrent de plus en plus complexes, au sens de « tissés ensemble », globaux, cependant que le déploiement des connaissances va dans le sens opposé, suivant des labyrinthes de plus en plus spécialisés, fragmentés, détachés du tout. Paradoxalement toutefois, de moins en moins de personnes sont préparées, par leur formation, à faire face à ces problèmes globaux. Il est urgent de mettre l'accent sur « la connaissance de la connaissance », c'est-à-dire une connaissance critique, une évaluation critique du savoir, permettant de maîtriser la part d'illusion qui aura été si considérable dans l'histoire et qui a eu des conséquences parfois terribles, qu'il s'agisse soit de l'être humain, soit de telle forme de savoir qu'on croyait définitive, mais qui ne l'était pas du tout. La connaissance de la connaissance, en premier lieu la connaissance de l'illusion, revient à savoir discerner, à être critique. De plus en plus, on est appelé à entendre des vues rapides, sommaires, superficielles, qui se présentent comme autant d'absolus.

Quelqu'un de cultivé doit pouvoir idéalement se rendre compte qu'il a affaire alors à un discours qui est tout simplement faux. L'éveil et la formation de jugement veulent dire aussi l'éveil à la condition humaine dans toute son immense complexité, l'éveil à tout ce qui est tissé ensemble, mais cette fois-ci en ce qui concerne l'être humain comme tel et le monde dans lequel nous sommes et nous agissons.

Le présent ouvrage aura su relever le défi de ces questions et d'autres tout aussi essentielles, en un style clair et direct, cherchant moins à innover ou à surprendre qu'à faire œuvre utile et pédagogique. Il offre une synthèse instructive et fort accessible, appelée à fonder une conception nouvelle de l'éducation, plus respectueuse des connaissances réelles et des personnes, qui pourrait contribuer à prévenir les drames qui s'annoncent chaque jour plus aigus pour les jeunes et pour tous.

Thomas De Koninck

Tout nous incite à mettre fin à la vision d'une nature non humaine et d'un homme non naturel.

Serge Moscovici

La science a besoin de temps en temps, pour régler son propre accroissement organique, d'un travail de re-constitution.

J Ortega y Gasset

Il est difficile d'éviter la conclusion que nous ne pouvons plus en rester à la démarcation naïve, et naïvement pensée comme assurée, entre philosophie et science.

Cornelius Castoriadis

Le glas sonne pour une théorie fermée, fragmentaire et simplifiante de l'homme. L'ère de la théorie ouverte, multidimensionnelle et complexe commence.

Edgar Morin

Jamais dans l'histoire telle que nous la connaissons, l'homme n'a été autant qu'aujourd'hui un problème pour lui-même.

Max Scheler

AVANT-PROPOS

Edgar Morin, en 1973, disait que la science de l'homme n'était pas encore née[1]! Eh bien, trente ans plus tard, avouons que la situation n'a pas tellement changé. Les sciences continuent à émietter le savoir et à morceler la réalité. La spécialisation et l'hyperspécialisation du savoir font des ravages : on n'étudie plus l'homme, on n'étudie plus la vie, on n'étudie plus la société ; on étudie des processus économiques, on étudie des gènes, on étudie des atomes, on étudie des électrons. La spécialisation du savoir se paye par une décomposition des êtres et un appauvrissement de la pensée.

Edgar Morin a raison : les sciences multiplient les connaissances sur l'homme et pourtant nous avons de moins en moins de possibilités de nous connaître. Le savoir, en se spécialisant, s'est de plus en plus restreint, cantonné, limité dans un champ chaque fois plus étroit, perdant progressivement contact avec la réalité, pour devenir de plus en plus abstrait.

Les sciences humaines elles-mêmes ont acquis tous les vices de la spécialisation et aucun des avantages. Elles ont perdu toute vision d'ensemble, leur champ est éclaté, leur pouvoir explicatif est limité de plus en plus à des pratiques

---

1. *Cf. Le Paradigme perdu : la nature humaine*, 1973, p. 9.

ponctuelles et localisées (monographies, enquêtes, sondages, etc.). Au lieu d'expliquer l'homme, elles l'ont dissous dans une multitude de savoirs et de points de vue isolés les uns des autres et incapables de communiquer entre eux. L'idée d'homme est devenue une idée creuse, pauvre, non opérationnelle, qu'aucune tentative transdisciplinaire n'arrive à reconstituer.

Nous avons entrepris cet ouvrage en sachant que le besoin le plus urgent était celui d'une synthèse. Et nous avons essayé d'y répondre en proposant une approche globale de l'être humain, une approche qui essaie de dessiner les grands traits de l'être humain et de le situer dans un ensemble vivant et cohérent. Nous savons pertinemment bien qu'on ne peut pas réduire l'être humain en miettes. Le découper en pièces ou le réduire à une seule dimension (à du « physique », à du « biologique », à du « social »), c'est le simplifier et le mutiler. Toute approche de l'être humain doit être riche, ouverte, multidimensionnelle.

Quand Morin parle de « science de l'homme », c'est justement ce qu'il entend : une conception capable d'articuler les différents points de vue sur l'homme, une conception capable de remembrer les sciences dans une vision multidimensionnelle de l'être humain. Le « paradigme perdu » (la « nature humaine »), c'est *le lien qui unit l'homme et l'animal, qui unit la nature et la culture*, c'est le lien, en fait, qui unit à la fois le physique, le biologique et le social. Ce lien, il est impossible de le briser sans briser l'*Unité de l'homme*[2]. C'est cette unité qu'il faut chercher à reconstituer, ce dont Marx avait parlé, et qu'il posait au cœur de l'anthropologie, et qu'il appelait « l'homme générique » : « [...] La nature est l'objet immédiat de la science qui traite

---

2. Collectif dirigé par Edgar Morin et Massimo Piattelli-Palmarini, 1974, 3 tomes.

de l'homme » puisque « le premier objet de l'homme – l'homme – est nature ...]. Les sciences naturelles engloberont la science de l'homme, tout comme la science de l'homme englobera les sciences naturelles : il n'y aura plus, à la fin, qu'une seule science »[3].

Ce vaste projet, bien entendu, nous ne prétendons pas le réaliser dans un ouvrage aussi court. Nous voudrions faire voir, cependant, qu'il n'est pas impensable, et que la plupart des matériaux dont nous avons besoin pour le réaliser sont désormais à notre disposition, pour peu qu'on s'en aperçoive. La tâche majeure et la difficulté consistent à les sortir de leur isolement respectif, à les regrouper et à les relier entre eux. Cet ouvrage voudrait montrer la nécessité d'une telle tâche malgré tous les obstacles et toutes les limites qu'elle rencontre.

*   *   *

Cet ouvrage est le fruit d'un long travail de synthèse et d'intégration. Inspiré des travaux d'Edgar Morin – et de nos propres travaux sur Edgar Morin[4] –, il vient offrir une vision d'ensemble de l'être humain, une vision qui n'est sûrement pas parfaite (comment pourrait-elle l'être ?) mais qui a au moins le mérite de renouveler le dialogue entre les différentes sphères du savoir : la physique, la biologie, la sociologie, l'anthropologie, la psychologie, l'histoire. Nous avons sans cesse opéré la circulation entre savoirs différents, entre visions différentes, entre modes de pensée distincts, pensant le savoir non en termes d'opposition et de contradiction, mais en termes d'unité et de complémentarité. L'être humain, d'emblée, nous est apparu comme un

---

3. Repris d'Edgar Morin dans *Le Paradigme perdu : la nature humaine*, 1973, p. 21.
4. *Cf.* Robin Fortin, *Comprendre la complexité. Introduction à La Méthode d'Edgar Morin*, 2000.

tout, et c'est ce tout que nous avons essayé – avec toutes les réserves et la modestie qui s'imposent – de reconstituer.

Tout au long de cet ouvrage, nous avons privilégié un type de présentation que nous avons voulu accessible, tant par l'expression (les formulations, le vocabulaire utilisé, le style) que par le découpage (l'approche par dimensions) qui s'explique pour des raisons d'ordre méthodologique. Nous avons puisé abondamment dans les travaux des «spécialistes», mais dans le but de les rendre utilisables et de les mettre à la portée du lecteur, même du lecteur non initié. Nous servant presque uniquement de sources premières, nous n'avons pas hésité à multiplier les références et les renvois, de sorte que le lecteur puisse y retourner et continuer lui-même sa propre recherche. Nous ne soulignerons jamais assez l'importance de retourner sans cesse aux sources et d'aller voir directement dans le texte ce que les auteurs ont dit. Cette règle de base est une règle d'or, particulièrement en sciences et en philosophie.

Cet ouvrage doit être conçu comme un outil pédagogique, comme un stimulant et une incitation à la recherche et à la réflexion. Il sera sûrement utile aux étudiants ainsi qu'à tous ceux qui se préoccupent de la question de l'être humain, question à laquelle, en vérité, personne n'échappe, et qui est la question fondamentale de tout être humain, la connaissance de soi-même. «Connais-toi toi-même, disait Socrate, c'est la seule façon de prendre soin de toi-même, de t'apprécier et de te rendre meilleur[5].»

---

5. Platon, *Premier Alcibiade*, dans *Premiers Dialogues*, 1967, 128 c-129 a.

PREMIER CHAPITRE

LES OBSTACLES À UNE VÉRITABLE CONCEPTION DE L'ÊTRE HUMAIN

> Jamais il n'y eut une telle possibilité de connaissance et une telle probabilité d'obscurantisme.
>
> *Boris Ryback*

> La seule démarche scientifique sérieuse est celle qui respecte la réalité: si celle-ci est complexe, la présenter de façon simple ne peut être qu'une trahison.
>
> *Albert Jacquard*

LES GUERRES POUR LA NATURE HUMAINE

L'homme a toujours été une énigme pour lui-même, un sujet d'interrogation. Qu'est-ce que l'être humain et pourquoi existe-t-il ? Depuis des millénaires, depuis que l'homme *est homme* et qu'il a commencé à penser, cette question hante l'esprit humain. La question la plus simple en apparence est en fait la plus difficile. Elle a été, au cours de l'histoire, une des principales causes des conflits et des guerres qui ont opposé les êtres humains entre eux.

Les guerres pour « la nature humaine » ne sont pas l'objet du présent ouvrage. Mais il y a trois grandes guerres idéologiques qui, pour l'instant, vont retenir notre attention. Nous les présenterons en guise d'introduction à cet ouvrage car elles concernent la conception de l'être humain que nous allons nous donner.

Science ou religion

La querelle entre la science et la religion existe depuis que la science existe. Dès le XVIIe siècle, dès l'époque de Galilée, les disputes commencent ; avec Darwin, elles vont s'intensifier. On a longtemps opposé le géocentrisme à l'héliocentrisme, et pendant plus d'un siècle l'Église a combattu l'évolutionnisme, allant même jusqu'à l'interdire dans les écoles[1]. Avec le temps, le conflit s'est apaisé, mais l'Église se maintient, massive, lourde, maladroite. La religion s'est

---

1. Jusque dans les années 1970, aux États-Unis, et dans certains États très conservateurs (Maine, Utah, Texas), il était interdit d'enseigner la théorie de l'évolution dans les écoles, la seule explication valable et « acceptable » officiellement (!) était fondée sur le créationnisme. Ce n'est qu'en 1996, par ailleurs, que l'Église catholique a admis que la théorie de l'évolution constituait plus qu'une hypothèse. Pourquoi avoir attendu aussi longtemps ?

affaiblie considérablement dans le dernier siècle, elle a perdu énormément de crédibilité, mais elle n'a pas l'intention de lâcher prise.

Edgar Morin voit dans la religion « un des derniers fantasmes, une des dernières résistances opposées à la science de l'homme[2]. » Dans un monde en perpétuel changement, les religions – et c'est malheureux de le dire – n'ont pas su évoluer et progresser, elles n'ont pas su s'adapter. Elles ont toujours refusé la moindre critique et tout ce qui pouvait remettre en question leur propre vision de la réalité (remise en question qui touche au noyau de la conception et non à la périphérie, laquelle est sans importance pour la conception). Pendant des siècles, les religions ont freiné (pour ne pas dire « bloqué ») toute forme d'innovation ou de découverte qui aurait pu faire avancer la connaissance, et ce, jusqu'à tout récemment où, fermées sur elles-mêmes, elles n'ont pu que s'isoler des sciences et des autres formes du savoir.

La religion a longtemps servi de phare (de guide) pour l'humanité. Elle répondait à un besoin fondamental, à un besoin de compréhension et de sens, et son rôle était légitime. Mais aujourd'hui la situation a changé. Les progrès fulgurants des sciences, et particulièrement au XXe siècle, ont permis des développements majeurs dans tous les domaines du savoir. Les progrès récents en astrophysique (sur l'origine de l'univers), en biologie moléculaire (sur l'origine de la vie), en anthropologie et en sociologie (sur l'origine de l'homme) nous obligent à une réévaluation du savoir. *Il n'est plus possible aujourd'hui de fonder une conception de l'être humain sur une religion.* Notre connaissance de l'être humain, si l'on veut qu'elle progresse, doit prendre appui sur l'avancement et le développement des sciences.

---

2. Edgar Morin, *Le Paradigme perdu : la nature humaine*, 1973, p. 21.

Ce travail, à ce titre, se situe à l'interface de la science et de la philosophie, à mi-chemin entre vulgarisation scientifique et réflexion philosophique, où la recherche d'un dialogue possible (entre science et philosophie), d'une saine collaboration est la condition même d'une meilleure compréhension de l'être humain.

Inné ou acquis

La deuxième guerre idéologique nous transporte sur le terrain des sciences. Cette guerre oppose deux camps qui, ici encore, tentent chacun à leur manière de s'approprier l'être humain. D'un côté, nous avons la biologie[3] qui affirme que tous nos comportements sont innés, que tout ce qui est humain (l'intelligence, l'affectivité, la personnalité, le caractère) relève de déterminations génétiques. De l'autre, nous avons la sociologie et l'histoire qui disent que l'être humain n'est rien au départ et que, ce qu'il devient, il le devient par l'acquisition et l'apprentissage. Ici, c'est la culture qui définit l'être humain.

La querelle entre l'inné et l'acquis, depuis plus d'un demi-siècle, oppose les sciences humaines et les sciences biologiques et elle a été ravivée dernièrement par la sociobiologie qui prétend qu'on peut ramener tous les comportements sociaux à des fondements biologiques[4]. Inné ou acquis, les deux camps voient la même réalité (l'être humain), mais, quand vient le temps de l'expliquer,

---

3. Plus précisément ce qu'on pourrait appeler le « biologisme », soit l'idéologie matérialiste selon laquelle a détermination *ultime* de tous nos comportements serait d'origine biologique et génétique.
4. *Cf.* E. Osborne Wilson, *L'Humaine Nature (essai de sociobiologie)*, 1979.

ils se tournent le dos, réduisant l'être humain l'un à une poignée de gènes, l'autre à un ensemble d'*habitus*.

Notre position doit être beaucoup plus nuancée. Il ne s'agit pas de trancher, au contraire, il s'agit de reconnaître une fois pour toutes l'importance et la prépondérance des deux. L'opposition entre l'inné et l'acquis, de toute façon, est aujourd'hui devenue stérile. Tout ce qui est culturel renvoie toujours à quelque chose de génétique, tout ce qui est génétique renvoie toujours à quelque chose de culturel : « Le cerveau par lequel nous pensons, la bouche par laquelle nous parlons, la main par laquelle nous écrivons sont des organes totalement biologiques en même temps que totalement culturels. Ce qui est le plus biologique – le sexe, la naissance, la mort – est en même temps ce qui est le plus imbibé de culture. Nos activités biologiques les plus élémentaires, le manger, le boire, le déféquer, sont étroitement liées à des normes, interdits, valeurs, symboles, mythes, rites, c'est-à-dire à ce qu'il y a de plus spécifiquement culturel [...][5]. »

L'héritage culturel ne se superpose pas à l'hérédité génétique, mais il se combine à celui-ci. La culture vient accomplir ce que l'hérédité contient en germe et ce qu'elle présuppose, sous forme de dispositions ou de potentialités. Ce qui s'élabore chez l'être humain, grâce à la culture, c'est l'aptitude à acquérir et ce sont les mécanismes culturels qui permettent l'intégration de l'inné au sein de l'acquis. L'inné et l'acquis ne s'opposent pas, ils se complètent l'un l'autre.

On voit bien, d'après ces propos, qu'essayer de trancher ce serait simplifier. Faisons tout de suite de cette conclusion un principe : *une conception de l'être humain qui se veut*

---

[5]. Edgar Morin, *La Tête bien faite. Repenser la réforme, réformer la pensée*, 1999, p. 43.

complexe se doit d'être non simplifiante, c'est-à-dire ouverte, c'est-à-dire riche, c'est-à-dire multidimensionnelle. Elle ne doit pas chercher à séparer les entités entre elles (ici l'inné et l'acquis), ou les réduire à un seul principe (inné *ou* acquis), mais elle doit chercher à les relier et à les articuler. Montrer les deux faces du problème, c'est montrer la relation et ouvrir la porte à la compréhension de cette relation.

Liberté ou déterminisme

Voilà la grande question de la philosophie : la liberté. Disposons-nous de liberté ? de libertés ? Même si la liberté nous est subjectivement évidente, sommes-nous vraiment libres ? Nous jugeons les autres comme s'ils étaient libres d'agir ou de ne pas agir, nous parlons de morale, de responsabilité, de spontanéité, de volonté, de choix, n'est-ce pas la preuve que la liberté existe ? Sommes-nous déterminés sans que nous ne le sachions, manipulés par des forces intérieures ou extérieures à nous ? La liberté est-elle une réalité ou une illusion ?

La science semble avoir tranché le débat : nous sommes prisonniers de notre patrimoine génétique et notre apparente liberté n'est que soumission aux gènes et à notre hérédité (« biologisme », « sociobiologisme ») ; nous sommes façonnés par la culture et la société (« sociologisme », « culturalisme »), façonnés par l'histoire (« historicisme ») qui nous imposent leurs déterminations, leurs codes, leurs normes, leurs règles, leurs interdits. Nous subissons les contraintes du milieu naturel (l'environnement) et nous ne faisons que réagir passivement à ces contraintes (« behaviorisme »)[6]. Nous sommes biologiquement, sociologique-

---

6. La problématique de l'inné et de l'acquis est plus large que l'opposition entre le génétique et le culturel. En incluant l'environnement physique ou naturel (comme le fait le behaviorisme), elle s'ouvre sur la problématique

ment, culturellement, historiquement, écologiquement déterminés. La science voit dans la liberté une illusion (certes réconfortante pour nous) et, plus notre savoir progresse, plus cette illusion se rétrécit comme peau de chagrin.

Encore une fois, évitons l'enfermement dans l'un ou l'autre des termes de l'alternative et dans une conception duelle et manichéenne de la réalité. Il ne s'agit pas de se ranger du côté du déterminisme ou du côté de la liberté. La guerre idéologique qui divise les deux clans, comme la guerre entre l'inné et l'acquis, peut être pacifiée pour autant que l'on cesse de penser les problèmes en termes d'alternatives ou d'oppositions.

L'être humain est impensable si on ne lui reconnaît pas la capacité de s'arracher à ses déterminismes et de pouvoir les transcender, ne serait-ce que partiellement. La négation (complète) de la liberté nous apparaît comme une position absurde, intenable et même contradictoire, nous forçant à affirmer dans la pratique (la liberté, la moralité, la responsabilité, le choix) ce que nous nions dans la théorie (en ramenant la liberté, la moralité, la responsabilité, le choix à un ensemble de déterminismes particuliers et hétérogènes). Nous sommes convaincus qu'il y a place, chez l'être humain, pour une liberté au moins relative (donc il ne s'agit pas ici de nier l'existence de déterminismes, il s'agit plutôt de renverser leur dictature simpliste et réductrice[7]).

---

plus générale de la « nature » et de la « culture », qui unit à la fois la sphère physicobiologique et la sphère anthroposociale.

7. Sur les limites du déterminisme matérialiste, cf. Luc Ferry dans Luc Ferry et Jean-Didier Vincent, *Qu'est-ce que l'homme ? Sur les fondamentaux de la biologie et de la philosophie*, 2001, p. 87-107 ; pour un point de vue nuancé sur la place respective de la liberté et du déterminisme, cf. l'excellente réflexion d'Edgar Morin dans *La Méthode*, tome 5, *L'Humanité de l'humanité. L'identité humaine*, 2001, p. 247-265.

C'est cette liberté (autonomie) qui donne toute sa valeur à l'être humain et qui fait de chacun d'entre nous, non seulement un être humain, non seulement un individu, *mais aussi une personne.* Une personne qui possède sa spécificité propre, irréductible et sur laquelle il est de plus en plus urgent de réfléchir.

AUTRES OBSTACLES À UNE VÉRITABLE CONCEPTION DE L'ÊTRE HUMAIN

Les guerres pour la « nature humaine » sont le premier obstacle à une véritable conception de l'être humain, scientifique et ouverte. Laminé entre l'inné et l'acquis, écartelé entre sa vraie nature et une surnature inventée, l'être humain est morcelé, nié, ballotté au gré des doctrines et des idéologies, réduit à quelque chose de simpliste et d'aisément manipulable. Les obstacles à une véritable conception de l'être humain sont nombreux, voilà pourquoi une conception digne de ce nom n'existe pas encore. Les obstacles ne sont pas seulement d'ordre idéologique, il y a également, plus profondément encore, des obstacles d'ordre structurel et organisationnel. Rapidement, mais là très rapidement, rappelons quelques-uns des obstacles qu'il reste à surmonter pour qu'une véritable conception de l'être humain puisse enfin émerger.

Une approche disciplinaire mutilante

Le développement des sciences va de pair avec le développement de la spécialisation. L'histoire des sciences, à peu de chose près, correspond à la séparation des sciences en disciplines, sous-disciplines, spécialités, sous-spécialités. Les sciences se sont développées en se fragmentant toujours plus et en fragmentant toujours plus la réalité.

Cette approche a fait de l'université le lieu par excellence de l'éclatement du savoir où chacun maîtrise sa discipline et, dans sa discipline, sa spécialité. La spécialisation a entraîné la séparation entre différents types de savoirs qui, plus souvent qu'autrement, se sont ignorés ou combattus au lieu de s'entre-féconder. Ce qui a créé avec le temps des obstacles organisationnels et mentaux qui perdurent encore aujourd'hui, et qui rendent désormais impossible toute tentative de réunification du savoir, toute vision macroscopique des choses.

On arrive ainsi à un drôle de paradoxe. Ce qui devrait être le lieu par excellence du savoir, l'université, est devenu le lieu par excellence de la simplification ! On entre à l'université pour mieux comprendre l'homme, mieux comprendre la vie, mieux comprendre le monde, mais on doit rapidement y renoncer. Comme le dit Edgar Morin :

> C'est précisément ce renoncement que nous enseigne l'Université. L'école de la Recherche est une école du Deuil.
>
> Tout néophyte entrant dans la Recherche se voit imposer le renoncement majeur à la connaissance. On le convainc que l'époque des Pic de la Mirandole est révolue depuis trois siècles, qu'il est désormais impossible de se constituer une vision et de l'homme et du monde.
>
> On lui démontre que l'accroissement informationnel et l'hétérogénéisation du savoir dépassent toute possibilité d'engrammation et de traitement par le cerveau humain. On lui assure qu'il faut non le déplorer, mais s'en féliciter. Il devra donc consacrer toute son intelligence à accroître ce *savoir-là*. On l'intègre dans une équipe spécialisée, et dans cette expression c'est « spécialisé » et non « équipe » qui est le terme fort[8].

Le constat est accablant. Même à l'université, il est impossible désormais de se donner une vision globale de

---

8. Edgar Morin, *La Méthode*, tome 1, *La Nature de la nature*, 1977, p. 12.

l'homme et du monde dans lequel nous vivons! Toute tentative transdisciplinaire se heurte à des résistances sans nombre : fermeture d'esprit, isolement, jalousie, incompréhension. On n'a pas cru bon de créer ce qu'Edgar Morin appelle des « lieux rassembleurs » pouvant reconstituer l'unité de l'homme et éviter l'approche mutilante des disciplines. Comme l'Université, l'homme est en miettes, dispersé entre les disciplines, écartelé entre les sciences, les savoirs, les spécialités.

L'échec des sciences humaines

L'évolution des sciences, sans être linéaire, a tout d'une évolution linéaire. Les sciences se succèdent les unes aux autres et, chaque fois, retombent dans les mêmes ornières. On aurait cru que les sciences humaines auraient pu éviter les erreurs bien connues des sciences naturelles. Mais non, elles sont elles-mêmes tombées dans le piège de la spécialisation avant même de s'être entendues sur le sens et la direction qu'elles devaient donner à leurs recherches. Elles se retrouvent aujourd'hui, comme dit Michel Freitag, « sans référence cognitive, normative ou expressive unifiantes[9]. »

La spécialisation en elle-même n'est pas un défaut[10]. Ce qui est à condamner, ce n'est pas la spécialisation, *c'est l'incapacité ou l'absence de volonté d'en sortir.* Et c'est ce dilemme que les sciences humaines jusqu'ici ont été incapables de surmonter.

---

9. Michel Freitag, *Le Dilemme des sciences sociales dans la postmodernité : étudier et orienter la société ou produire le social ?*, dans *Les Sciences humaines : état de lieux*, 1996, p. 52. La même idée, chez Freitag, est reprise (défendue) dans un livre qui vient de paraître et dont le titre est assez évocateur, *L'Oubli de la société : pour une théorie critique de la postmodernité*, 2002.
10. Pensons au domaine médical où la spécialisation est tellement importante pour faire avancer la recherche, soigner, sauver des vies. La spécialisation n'est pas seulement utile, elle est nécessaire dans tous les domaines où

Pour mériter une place dans l'univers de la Science, les sciences humaines ont singé les méthodes des sciences de la nature dont elles enviaient le pouvoir et le succès. En se spécialisant toujours plus, elles ont éclaté en mille savoirs et en mille pratiques, devenues de plus en plus abstraites et localisées. Elles ont perdu toute vision d'ensemble et n'ont pas su se donner un objectif commun qui leur aurait évité l'éparpillement. Les sciences humaines ont été incapables de bâtir la science de l'homme et, en s'enfermant dans la spécialisation, elles ont voté elles-mêmes leur propre échec.

Spécialisation et hyperspécialisation

La spécialisation a gagné toutes les sphères, pour devenir surspécialisation et hyperspécialisation. À partir du XIXe siècle, la science s'est séparée de la philosophie (renvoyée temporairement à la métaphysique) pour se scinder ensuite en différents savoirs qui ont éclaté eux-mêmes en une mosaïque de disciplines et de spécialités. La spécialisation était nécessaire, mais c'est *l'hyperspécialisation*, et comme nous l'avons souligné, l'impossibilité d'en sortir, qui nous placent aujourd'hui devant un problème majeur.

D'abord il y a le problème du morcellement et du cloisonnement des connaissances. Les réalités molaires – l'individu, la vie, l'homme, la société – sont désintégrées, émiettées, broyées entre les disciplines, sans qu'aucune tentative interdisciplinaire puisse les reconstituer. Le morcellement du savoir fait qu'un ensemble d'objets clos, fermés,

---

l'action (l'intervention) a besoin d'être précise, efficace, adaptée à un type d'approche ou de problème spécifique. Là où la spécialisation s'inverse et devient dangereuse, c'est quand elle isole, paralyse (le spécialiste, le chercheur) et *réduit* la réalité à la seule efficacité technique. C'est cette attitude qui est critiquée parce qu'elle est hautement et fortement critiquable.

disciplinaires sont incapables de communiquer entre eux, chacun étant désormais enfermé dans son code et prisonnier de sa spécialité. C'est ainsi qu'il s'est créé une grande disjonction entre les sciences de la nature et les « sciences humaines », et, au sein de ces sciences, entre des domaines qui traditionnellement étaient reliés (la physique et la biologie par exemple, la sociologie et l'anthropologie) mais qui aujourd'hui sont séparés et s'ignorent mutuellement (quand ils ne se combattent pas farouchement!).

Mais, ce qui est encore plus grave, c'est l'attitude qui découle de cette nouvelle réalité. La spécialisation a imposé une structure d'esprit qui fait que le spécialiste ne s'intéresse plus qu'à ce qu'il fait. De plus en plus, il est convaincu que seul ce qu'il fait a de la valeur et qu'il peut se désintéresser de tout ce qui est en dehors de sa spécialité. « En le spécialisant, dit Ortega y Gasset, la science l'a rendu hermétique et satisfait à l'intérieur de ses propres limites [...]. Lui seul "sait", il sait très bien son petit coin d'univers, mais il ignore qu'il ignore radicalement tout le reste[11]. »

On arrive à une situation tout à fait à l'opposé de celle qui régnait au XVIIe et au XVIIIe siècles et qu'on a appelée la « culture humaniste ». Cette époque (qui a vu naître les Encyclopédistes) était caractérisée par le fait qu'on pouvait se questionner sur le monde, sur la vie, sur l'homme, sur la société. Elle était fondée sur un nombre limité de connaissances qu'il était possible de réfléchir, de discuter ou de remettre en question. C'était une époque qui permettait l'organisation du savoir, à laquelle pouvait avoir accès l'« honnête homme », qui pouvait avoir accès à la culture.

---

11. C'est ce qu'Ortega y Gasset appelle « la barbarie du spécialisme ». *Cf. La Révolte des masses*, 1967, p. 160-161.

La nouvelle culture scientifique est d'une nature radicalement différente. Elle se fonde sur une quantité énorme d'informations mais auxquelles il est de plus en plus difficile d'avoir accès. Le vocabulaire, les concepts, le haut niveau d'abstraction, la connaissance technique, spécialisée, tout est là pour faire obstacle à la compréhension. Le savoir spécialisé est devenu affaire de spécialistes ; il ne nous appartient plus, mais est produit de plus en plus pour être utilisé et capitalisé de façon anonyme. « Situation paradoxale que celle où le développement de la science instaure, selon la belle expression d'Edgar Morin, une résignation à l'ignorance[12] ! »

Pour progresser, la science avait besoin que les hommes de science se spécialisent. Mais aujourd'hui la plupart des scientifiques ont perdu contact avec la réalité. La spécialisation, en perdant de vue l'ensemble et en restreignant toujours plus le champ d'action de la science, explique la situation devant laquelle nous nous retrouvons présentement. Les sciences sont lourdement hypothéquées, l'Université est hypothéquée, tout le milieu de l'éducation a éclaté lui-même en une myriade de savoirs dispersés et éparpillés, sans cohésion et sans liens entre eux. L'éclatement des connaissances (conséquence immédiate de la spécialisation) correspond à un éclatement généralisé, inséparable lui-même de l'éclatement des valeurs et de l'éclatement des sociétés. Si la science de l'homme est encore à naître, c'est que bien des édifices conceptuels aujourd'hui sont à repenser. C'est sur leurs ruines, de toute évidence, qu'il faudra reconstruire et rebâtir.

---

12. Edgar Morin, *Science avec conscience*, 1990, p. 17.

LE GRAND PARADIGME D'OCCIDENT

Réductionnisme, spécialisation, hyperspécialisation, d'où viennent tous ces développements ? Inné/acquis, liberté/déterminisme, nature/culture, pourquoi toutes ces oppositions ? Parce qu'il y a un grand paradigme qui règne depuis trois siècles, un paradigme dominant, que Descartes a formulé et qui a orienté le développement des sciences et le développement de la société jusqu'à aujourd'hui.

D'abord qu'est-ce qu'un paradigme ? Le paradigme est un principe de pensée qui contrôle les discours, la logique, les concepts fondamentaux et les catégories maîtresses de l'intelligibilité[13]. Il s'inscrit au plus profond des esprits et de la société (de la culture) et détermine leur manière de penser, d'agir, d'organiser les idées et la société. Il joue le rôle de modèle d'action et de modèle de pensée (le grec *paradeigma*, chez Platon comme chez Aristote, tourne autour de l'idée de modèle, de règle, d'exemple ou d'argument qu'on peut généraliser), et c'est ce rôle qui lui permet de modeler l'être humain et de modeler la société.

Le grand paradigme qui règne depuis trois siècles, et qu'on peut appeler le grand paradigme d'Occident, Descartes en a formulé les règles dans son célèbre *Discours de la méthode*[14]. Ce paradigme repose sur des principes d'exclusion, de disjonction et de réduction.

---

13. Sur la notion de paradigme, voir Thomas S. Kuhn, *La Structure des révolutions scientifiques*, 1983 ; pour une critique du paradigme de la « science classique » (cartésienne et post-cartésienne), voir Gaston Bachelard, *Le Nouvel Esprit scientifique*, 1963, chapitre VI, p. 135-179 ; enfin, pour la critique que nous amorçons ici, voir Edgar Morin, *La Méthode*, tome 4, *Les Idées. Leur habitat, leur vie, leurs mœurs, leur organisation*, 1991, p. 211-238 et *passim*.
14. René Descartes, *Discours de la méthode*, 1966, p. 47.

– Le principe des « idées claires et distinctes » justifie la séparation entre le sujet et l'objet (entre l'*ego cogitans* et la *res extensa*), distinction qui, au XIXᵉ siècle, va se prolonger dans l'opposition entre les sciences de la nature et les sciences de l'homme, entre la « science » et la philosophie. Ce principe est un principe de disjonction et d'exclusion qui délimite deux types de réalité, deux types de connaissance séparés et antinomiques. « Il détermine une double vision du monde, en fait un dédoublement du même monde : d'une part, un monde d'objets soumis à observations, expérimentations, manipulations. D'autre part, un monde de sujets se posant des problèmes d'existence, de communication, de conscience, de destin. [...] Deux univers se disputent nos sociétés, nos vies, nos esprits ; ils se partagent le terrain mais ils s'excluent l'un l'autre [...][15]. » Le besoin « de clarté et de distinction » implique le besoin de séparer, d'isoler ou de disjoindre et rend incapable de concevoir le lien entre les deux visions.

– Le deuxième principe formulé par Descartes nous enjoint de décomposer en éléments plus petits (en « parcelles », selon l'expression de Descartes) tout ce qui est réalité globale ou totalité complexe. C'est le fameux principe d'analyse (appelé aussi « principe de réduction ») qui cherche l'explication du tout au niveau des parties, qui réduit le global à l'élémentaire, réduit le divers à l'unité. C'est le même principe qui est à l'origine de la spécialisation et de l'hyperspécialisation du savoir qui découpe les réalités (l'homme, la nature, la vie, la société) en pièces détachées sans pouvoir les reconstituer. Réduction, spécialisation et hyperspécialisation vont de pair, elles traduisent l'éternelle obsession de trouver la brique première (molécule, atome,

---

15. Edgar Morin, *La Méthode*, tome 4, *Les Idées. Leur habitat, leur vie, leurs mœurs, leur organisation*, 1991, p. 221

particule), le schème premier, le principe premier auquel on pourrait ramener l'ensemble de la réalité.

– Enfin, chez Descartes, il y a aussi un principe d'ordre[16] qui exclut tout ce qui est désordre, dysfonctionnement, irrégularité, irrationalité et qui fait de l'homme, de la nature et de la société une espèce de mécanique qu'on peut connaître si on en connaît les rouages (les éléments, les composants) et le fonctionnement (les règles d'assemblage). Ce principe répond à l'idéologie mécaniciste et déterministe qui a permis le développement des sciences et qui a régné jusqu'au début du XXe siècle.

Ce grand paradigme qui prend racine en Occident trouve son prolongement dans le champ social et culturel. Il règle à la fois l'organisation sociale (dans une bureaucratisation et une technocratisation des sociétés, dans le règne des experts et des spécialistes), l'organisation du travail (mécanisation des tâches, division et taylorisation du travail, spécialisations et hyperspécialisations), l'ordre culturel (en dissociant la culture scientifique de la culture humaniste, la science de la philosophie, les « sciences humaines » des sciences naturelles) et l'organisation économique (réduisant toutes les sphères – politique, sociale, culturelle – à la sphère économique, et réduisant l'être humain au simple

---

16. Notons ici, et c'est important, que ce n'est pas Descartes (ou « sa méthode ») comme tel qui est critiqué, mais l'usage qu'on en a fait par la suite. Jusqu'au XIXe siècle, on en a fait une espèce de dogme qu'on ne pouvait pas remettre en question comme on ne pouvait pas remettre en question l'idéologie mécaniciste et déterministe. La méthode cartésienne a permis à la science de faire des progrès considérables, des progrès tout à fait fondamentaux. Mais ses grandes conquêtes sont maintenant derrière elle. Il faut oser penser à l'heure actuelle à la possibilité d'une nouvelle approche, plus globale, plus globalisante, une approche qui est capable de faire face au défi qui l'attend et qui est celui de la complexité.

rôle de producteur ou de consommateur). Il étend ses tentacules dans tous les sens, dans la politique, l'éducation, les entreprises, l'État (où tout est spécialisé et hyperspécialisé, hiérarchisé et compartimenté, morcelé et mutilé).

Le grand paradigme a complètement transformé le savoir et complètement transformé la société. Comme le souligne Edgar Morin, le développement de la connaissance, à un certain niveau de profondeur, coïncide avec le développement de la société : « Diviser pour régner. La formule est aussi celle de Machiavel pour dominer la cité, celle de Descartes pour maîtriser la difficulté intellectuelle, celle de Taylor pour régir les opérations du travailleur dans l'entreprise. La maxime commune se ramifie dans la politique, la culture, la pensée, la société. Le paradigme d'Occident règne en divisant ! Il est diabolique, c'est-à-dire séparateur[17]. »

Le paradigme de réduction et de disjonction a cessé partout d'être opérationnel. Nous l'avons vu : l'être humain ne se réduit ni à l'inné (la « nature »), ni à l'acquis (la « culture »), ni au déterminisme (biologique, culturel, environnemental), ni à l'économie (à la production ou à la « consommation »). Toutes les visions réductrices de l'être humain sont des visions simplifiantes et mutilantes. On sait aujourd'hui qu'on ne peut plus séparer la science de la philosophie, qu'on ne peut plus séparer les sciences naturelles des « sciences humaines », qu'on ne peut plus séparer la culture humaniste de la culture scientifique. La disjonction isole les différents types de savoir, escamote les difficultés, tranche arbitrairement dans le réel, brise les relations et les solidarités. On a vu également les limites de la spécialisation à outrance, c'est-à-dire de l'hyperspécialisation qui

---

17. Edgar Morin, *La Méthode*, tome 4, *Les Idées. Leur habitat, leur vie, leurs mœurs, leur organisation*, 1991, p. 227

est incapable de voir les réalités dans leur ensemble, mais qui continue à les émietter et à les fragmenter. L'hyperspécialisation rend aveugle aux globalités, totalités, unités complexes. Elle nous rend incapables de comprendre l'être humain globalement, en nous empêchant de comprendre globalement la vie, la société et l'univers auxquels il est relié solidairement.

Désormais un changement de paradigme s'impose. Nous avons besoin d'un nouveau paradigme pour pouvoir repenser l'être humain, pour pouvoir lui redonner sa place au sein de la société et de la culture, pour pouvoir le resituer au sein du monde vivant et du monde animal, pour pouvoir l'enraciner au sein de la *nature* et du *cosmos*. Un paradigme capable de relier les différents points de vue disjoints par le paradigme de simplification. Un paradigme qui n'isole pas, ne réduit pas, ne morcelle pas. Un paradigme capable de reconnaître la complexité et l'hypercomplexité de l'être humain. Le prochain chapitre porte sur la conception de l'être humain et se veut une contribution dans ce sens.

DEUXIÈME CHAPITRE

POUR UNE CONCEPTION MULTIDIMENSIONNELLE DE L'ÊTRE HUMAIN

> Ce monde, notre vaste et terrible univers, voici que pour la première fois nous en faisons partie.
>
> *Carl Sagan*

> L'homme est la plus mystérieuse de toutes les rencontres.
>
> *Albert Einstein*

> O Dieu! qu'est-ce donc que l'homme? Est-ce un assemblage monstrueux de choses incompatibles?
>
> *Bossuet*

Première partie

DE L'UNIVERS À NOUS.
NOS LOINTAINES ORIGINES

Le livre de *La Genèse* nous raconte que l'univers fut créé en sept jours. Imaginez, une semaine ! Une semaine pour créer la lumière, le ciel, la terre, les océans, la vie... l'homme. Quel prodige !

Il fallait sûrement recourir au miracle pour expliquer l'origine et la création de l'univers. Un univers aussi complexe, aussi diversifié, aussi grandiose que le nôtre ne pouvait relever que d'un acte surhumain. Mais aujourd'hui l'explication est beaucoup plus terre à terre et, disons-le, beaucoup plus réaliste. Plus besoin de miracle, plus besoin de Dieu, des preuves à l'appui, du temps – et là beaucoup de temps –, voilà ce que la science est en mesure de nous proposer aujourd'hui.

Remontons le temps et faisons-nous spectateurs. Donnons-nous, pour quelques instants, des airs d'éternité. Racontons les premiers moments, racontons cette histoire, cette formidable histoire qui, des origines de l'univers, conduit jusqu'à nous. Car cette histoire, après tout, c'est aussi la nôtre...

LA NAISSANCE DE L'UNIVERS

Tout a commencé dans un grand éclair d'énergie et de lumière dans lequel était rassemblée, mais sous une forme différente de ce que nous connaissons aujourd'hui, toute la matière de l'univers. Cet instant, appelé « instant zéro », remonte à plus de quinze milliards d'années. Les Américains l'ont surnommé « big-bang », mais peut-être qu'il n'y a pas eu d'explosion. Certains ont parlé « d'atome primitif », mais là encore on se heurte à une impossibilité : celle de mesurer les dimensions de l'univers à son origine. À vrai dire, on doit parler ici de « singularité », c'est-à-dire, dans le jargon scientifique, d'un événement impossible à imaginer et à décrire parce qu'il ne répondrait à aucune loi connue. Le « big-bang » défie nos concepts d'espace et de temps, c'est un « événement singulier » qui n'obéit ni au bon sens ni à la raison classique.

Les scientifiques sont incapables de remonter à « l'instant zéro ». Il s'agit d'une impossibilité pure et simple. Ainsi toutes les questions du genre : Qu'y avait-il avant le « big-bang » ?, Pourquoi y a-t-il quelque chose plutôt que rien ?, D'où vient la matière qui compose l'univers ?, ces éternelles questions philosophiques, malheureusement – ou heureusement – ne trouveront pas encore de solution ici.

Même si on ne pourra jamais l'atteindre, les scientifiques sont cependant en mesure d'expliquer ce qui s'est passé dans la première seconde après le « big-bang »[1]. L'univers, à ce moment, était très chaud, très dense et très énergétique. On évalue la température à mille milliards de degrés, la densité à des milliards de tonnes au centimètre carré !

---

1. Pour les passages un peu plus techniques, nous renvoyons à l'ouvrage plus récent d'Hubert Reeves, *La Première Seconde. Dernières nouvelles du cosmos 2*, 1995.

Aux premiers instants, l'univers est composé d'une purée indifférenciée de quarks, de photons, d'électrons, de neutrinos, et d'une panoplie d'autres éléments appelés gravitons, gluons, etc. La chaleur provoque des agitations qui entraînent des collisions entre les particules. Mais il est trop tôt. Toute tentative de combinaison est immédiatement suivie d'une dissociation en moins d'un milliardième de seconde. Rien n'est encore viable. Il faut attendre que l'univers se refroidisse avant que la matière puisse accéder de façon durable à l'organisation. C'est le mouvement d'expansion qui suit le « big-bang » qui cause le refroidissement de l'univers.

Les premiers nucléons (protons, neutrons) apparaissent quand la température descend en dessous du billion de degrés, c'est-à-dire de mille milliards de degrés (10^{12} degrés). Il ne s'est pas passé plus d'une seconde depuis le « big-bang ». Tout se déroule extrêmement vite à ce stade-ci. Les premiers nucléons se forment à partir des quarks qui s'unissent trois par trois. Une première structure vient de voir le jour, le nucléon.

Les premiers noyaux apparaissent quand on arrive vers dix milliards de degrés (10^{10} degrés). Remarquons ici qu'il ne s'est écoulé que quelques minutes entre ces deux phases. On saute presque immédiatement du nucléon au noyau. Les noyaux sont composés de nucléons et les premiers à se former sont des noyaux d'hydrogène et d'hélium. Ce phénomène est appelé « nucléosynthèse primordiale ».

Les premiers atomes sont viables quand la température atteint environ trois mille degrés. Maintenant tout se fait à pas de tortue. L'interrègne entre le noyau et l'atome a duré un million d'années! À trois mille degrés, les noyaux peuvent capturer les électrons libres (déjà présents dans les premiers instants de l'univers) et donner naissance aux premiers atomes. Il peut même, à l'occasion, se constituer des molécules d'hydrogène à partir des atomes d'hydrogène. La formation des premiers atomes est une étape importante car, la matière prenant le dessus sur le rayonnement, l'univers va désormais s'orienter dans la voie de la matérialité. Elle est importante à un second point de vue car elle correspond de façon quasi simultanée à l'émission du rayonnement fossile à 3 °K. L'idée d'expansion de l'univers et le rayonnement fossile qui nous arrive du fond des âges, sont les deux pierres angulaires de la théorie du «big-bang»[2].

Résumons-nous. Nous avons vu deux grandes forces en action, la force nucléaire et la force électromagnétique. La force nucléaire unit les quarks entre eux pour former les nucléons, unit les nucléons pour former les premiers noyaux. Les premiers noyaux en s'habillant d'électrons forment les premiers atomes et les premières molécules (force électromagnétique). Jusqu'ici, il s'est écoulé environ un million d'années. La force gravitationnelle n'a pas encore fait son entrée, il est encore trop tôt, mais elle nous réserve d'étonnantes surprises. C'est elle qui va donner un visage à l'univers en donnant naissance aux étoiles et aux galaxies. Tournons notre regard dans ce sens car c'est là maintenant que va se jouer l'avenir de l'univers.

---

2. « Le mouvement d'éloignement des galaxies, le rayonnement fossile de photons et les abondances relatives des quelques noyaux légers ont fondé pour nous la crédibilité du Big Bang. La distribution des quasars dans l'espace et l'estimation correcte du nombre de familles de particules élémentaires ont corroboré la validité de cette histoire du cosmos. [...] Grâce à ces fossiles, nous avons pu explorer le passé jusqu'au moment où l'univers se présentait comme un immense magma de particules élémentaires » (*ibid.*, p. 23).

Les galaxies

Les galaxies sont engendrées par des masses de matière (de gaz) qui se condensent sous l'effet de la gravitation. C'est quelques centaines de millions d'années après la formation des noyaux et des atomes qu'apparaissent les galaxies.

Dès l'apparition des galaxies, les règles du jeu changent. L'évolution, qui jusque-là avait lieu partout dans l'univers, va se transporter désormais à différentes échelles locales. La matière, en prenant le dessus sur le rayonnement, a inauguré un nouveau règne : celui des galaxies.

Les galaxies sont composées essentiellement d'hydrogène et d'hélium et sont animées d'un mouvement de rotation sur elles-mêmes ; c'est ce mouvement qui leur confère leur forme inhabituelle. Spirales ou elliptiques, parfois même de forme irrégulière, leur diamètre se mesure en millions d'années-lumière.

Les galaxies peuvent vivre en solitaires ou peuvent se grouper en amas. Notre galaxie, la Voie lactée, fait partie d'un groupe appelé Amas local. L'Amas local comporterait une vingtaine de galaxies (dont Andromède et les deux nuages de Magellan). Les amas peuvent également se grouper en super-amas. L'Amas local fait partie du super-amas de la Vierge. Ce super-amas serait composé de plusieurs milliers de galaxies.

Il est difficile de savoir comment ces « amas » se sont constitués. Par fragmentation progressive, par simple regroupement : plusieurs hypothèses sont envisagées ; certains croient même que des amas d'étoiles auraient pu s'associer pour former les galaxies. Il nous reste beaucoup à apprendre sur l'origine des galaxies. La recherche scientifique, ici encore, se poursuit et la physique moderne (l'astrophysique), à l'heure actuelle, en est encore à sonder diverses hypothèses[3].

Il existe des milliards de galaxies dans l'univers, chacune comportant des milliards d'étoiles. Certaines, plus actives, ont déjà épuisé une bonne partie de leurs gaz alors que pour d'autres la transformation est peu avancée. Les galaxies sont des « machines » à fabriquer des étoiles, elles transforment de la matière gazeuse en matière stellaire. C'est grâce à elles que l'évolution a pu se continuer et bénéficier d'une seconde chance. C'est ce que nous allons voir[4].

Les étoiles

La matière, sous l'effet de la gravité, a donné naissance aux galaxies. Continuant à se condenser et à se réchauffer, elle va maintenant engendrer les étoiles. Mais attendons encore un peu. Tout est tellement lent à l'échelle de l'univers. Comptons quelques millions ou quelques dizaines de millions d'années, le temps que la gravité permette à la matière de remonter l'ascenseur thermique.

Quelle est la composition chimique des étoiles ? Les étoiles, comme les galaxies, sont composées essentiellement d'hydrogène et d'hélium. Leur température maintenant ? De quelques millions de degrés à la surface à plusieurs milliards de degrés au centre où l'étoile est beaucoup plus active. Quant à leur éclat, il est provoqué par les collisions entre les noyaux d'atomes qui engendrent des réactions nucléaires qui font briller l'étoile. La lumière visible est

---

3. Sur la difficile question de la naissance et de l'origine des galaxies, voir *ibid.*, chap. 9, p. 179-204.
4. Les explications qui suivent sont tirées de Hubert Reeves, *Patience dans l'azur*, 1988 et 1981, p. 98-154.

produite par les photons émis (photons lumineux) lors de ces transformations énergétiques.

On peut distinguer les étoiles par leur dimension et leur longévité. Les plus grosses peuvent avoir cent fois la masse de notre Soleil. Ces étoiles plus massives épuisent plus rapidement leur carburant et meurent toujours de façon précoce. Leur existence peut se calculer en millions ou en dizaines de millions d'années, puis c'est l'explosion. Les petites étoiles, plus économes en énergie, vont vivre plus longtemps. Leur vie pourra s'étendre sur des milliards d'années avant qu'elles ne s'éteignent peu à peu en évacuant leur énergie. C'est le cas de notre Soleil et des étoiles de même dimension.

C'est du côté des étoiles que va venir la relance. L'univers jusqu'ici, après avoir produit de l'hydrogène, s'était arrêté à l'hélium, puis s'était refroidi. On connaît la suite : après plusieurs millions d'années d'attente, les galaxies et les étoiles sont apparues. Eh bien, c'est au sein de ces étoiles que l'univers va reprendre là où il avait laissé. C'est en elles que va se continuer la micro-genèse déjà amorcée dans les premiers instants. Toujours soutenues par l'action de la gravité, elles vont en effet donner naissance à une moisson d'éléments chimiques dont on verra toute l'importance plus loin.

Au bas de l'échelle, les étoiles sont constituées d'hydrogène. Quand leur température centrale dépasse les dix millions de degrés, ce sont des noyaux d'hélium qui réapparaissent. La plupart des étoiles, c'est-à-dire quatre-vingt-dix pour cent d'entre elles, en sont à cette phase. Ces étoiles – et le Soleil en fait partie – appartiennent à ce qui s'appelle la « série principale ». Pour celles qui sont plus avancées, l'évolution se continue. Quand l'étoile dépasse les cent millions de degrés, à son tour l'hélium entre en fusion et produit du carbone. Le carbone lui-même, qui n'est pas ingrat, va s'associer à des noyaux d'hélium pour former de l'oxygène. Ces éléments tout à fait fondamentaux au développement de la vie, le carbone et l'oxygène, font franchir à la matière une étape importante. Par la suite, lorsque la température atteint le milliard de degrés, c'est le néon qui voit le jour, puis le sodium, le magnésium, l'aluminium, le silicium. Ces éléments, à leur tour, entrent en fusion quand la température monte à deux milliards de degrés. De deux à cinq milliards de degrés[5], ce sont les autres éléments du tableau périodique qui sont engendrés. Dans l'ordre: l'argon, le potassium, le calcium, le fer, le nickel, le cuivre, jusqu'à l'uranium, le dernier[6].

Les éléments tour à tour se sont formés à partir des combustions solaires. Hubert Reeves a bien raison: « Les étoiles sont des hauts lieux de fertilité cosmique[7]. » Elles ont réussi l'accouchement avorté dans les premiers moments de l'univers. De façon quasi providentielle, elles ont fabriqué les matériaux qui vont servir à la formation des planètes, et beaucoup plus tard, à la construction des premiers êtres vivants. Quelle chance pour nous!

Notre Soleil

L'univers comporte des milliards de galaxies. Chaque galaxie comporte des milliards d'étoiles. Le Soleil n'est pas

---

5. Ces chiffres restent approximatifs; à cette échelle, bien entendu, on n'a droit qu'à des approximations. Ici nous suivons les chiffres donnés par Hubert Reeves dans *Patience dans l'azur*, 1988 et 1981, p. 102-107, chiffres qui, aujourd'hui, sont restés pratiquement inchangés.
6. Exceptions à la règle: le lithium, le béryllium et le bore. Trop fragiles, c'est-à-dire incapables de survivre à des températures élevées, ces noyaux n'ont pu être engendrés par les étoiles. Ils feront leur apparition au sein de l'espace interstellaire grâce à la complicité du rayonnement cosmique! Ceci termine l'énumération... (*Cf. ibid.*, p. 131-132).
7. *Ibid.*, p. 105.

une étoile différente de toutes celles qui brillent dans le ciel ou qui peuplent l'univers. Ce qu'il y a de différent, c'est sa distance par rapport à nous et l'éloignement, vu de la terre, des autres étoiles. Une année-lumière est la distance que parcourt la lumière en une année. La lumière du Soleil prend huit minutes pour nous parvenir. Le Soleil, en distance astronomique, est donc à huit minutes-lumière de nous. L'étoile la plus proche après lui est à plus de quatre années-lumière[8] ! Sirius, qu'on voit apparaître dans le ciel nocturne, est à huit années-lumière ; Véga, à vingt-deux années-lumière. Le Soleil est très proche de nous à l'échelle astronomique, c'est pour cette raison que sa présence nous est si familière.

Au XIXe siècle, on croyait que le Soleil était immobile et situé au centre de la galaxie. Si l'on se représente la galaxie sous la forme d'un disque, le Soleil n'est pas au centre mais à l'extrémité du disque par rapport à son axe central. Il gravite autour de l'axe de la galaxie et prend environ deux cents millions d'années pour effectuer un tour complet. Comme il est apparu il y a 4,6 milliards d'années, il a à peu près vingt-cinq ans en années galactiques.

Comme toutes les étoiles de deuxième ou de troisième génération, le Soleil s'est formé à partir de résidus d'étoiles qui ont explosé (*supernovae*) ou qui se sont éteintes (sous forme d'évacuation d'énergie) en projetant dans l'espace les produits de leur nucléosynthèse. Il est entré dans sa phase nucléaire quinze millions d'années après sa formation. Depuis ce temps, il transforme son hydrogène central en hélium. D'ici cinq milliards d'années, il aura presque dissipé toute son énergie. Il terminera ses jours en « naine blanche », puis va se refroidir encore jusqu'à devenir

---

8. Il s'agit d'« Alpha Centauri », qui se trouve à 4,3 années-lumière de nous.

ensuite une « naine noire », c'est-à-dire une masse de matière sans éclat et sans vie.

Heureusement nous n'assisterons pas à la mort du Soleil ni à son déclin. Même s'il commence à s'éteindre tranquillement, il est encore au plus fort de sa vitalité. Pour le moment, continuons à assister l'univers dans son accouchement. Tout ne fait encore que commencer. Après la phase galactique, c'était la phase stellaire. Maintenant passons à la phase planétaire.

Les planètes

Des générations d'étoiles maintenant se sont succédé. L'espace présentement est riche des débris que les étoiles ont expulsés après leur effondrement. Ces débris apparaissent sous forme de masses de gaz dont le volume est considérable (il peut atteindre des dizaines d'années-lumière de diamètre). Ces masses de gaz vont se refroidir et des grains de matière vont se former à l'intérieur des masses. Ces grains solides, de nature essentiellement rocheuse, sont appelés « poussières interstellaires ».

Les grains de matière qui flottent dans l'espace apparaissent sous la forme de petits filaments. Ils sont déjà passablement complexes (composés de milliards d'atomes) et peuvent se lier entre eux facilement. Ils viennent enrichir l'espace déjà riche en noyaux et en éléments chimiques de toutes sortes (électrons libres, atomes, molécules simples).

Des premières combinaisons vont s'opérer. L'hydrogène va s'associer aux atomes lourds pour former des molécules dont nous allons voir l'importance plus loin. Ce sont des molécules d'eau (H_2O), d'ammoniac (NH_3), de méthane (CH_4) et d'autres hydrocarbures. Ces molécules se posent sur les grains de matière sous la forme d'une mince couche de glace.

Avec le temps, les grains de matière vont prendre du poids. En s'agglutinant les uns aux autres, ils vont former de vastes nappes qui se disposent autour d'embryons d'étoiles, un peu comme des anneaux. Au sein de ces nappes, un long processus de condensation va s'amorcer Certains corps vont accroître leur masse et devenir de plus en plus gros. Après des millions d'années... *ils vont donner naissance aux planètes*[9].

Une fois constituées, les planètes ont repris une partie de la chaleur que les étoiles avaient perdue lors de leur désintégration. Pour les petites planètes, le refroidissement est rapide ; il peut s'échelonner sur des centaines de millions d'années. La Lune a pris trois cents millions d'années pour se refroidir ; Mercure, cent millions d'années de plus. Les planètes plus massives comme la Terre ou Mars n'ont pas encore réussi à évacuer complètement leur chaleur initiale. La Terre saura cependant trouver un moyen terme entre chaleur et refroidissement pour favoriser, un jour, les conditions nécessaires à l'émergence de la vie. Quittons maintenant les espaces interstellaires et descendons sur la Terre pour voir comment tout cela s'est passé.

(figure page suivante)

---

9. Selon le même principe, d'autres corps moins massifs vont se constituer : on les appellera satellites, météorites ou comètes. Pour plus d'explications là-dessus, voir *ibid.*, p. 135 à 141.

GÉNÉALOGIE DE LA MATIÈRE INORGANIQUE

T_1	T_2	F_L	A_g
Entre l'« instant zéro » et la 1re seconde. Tout de suite après le « big-bang ».	1 000 milliards de degrés	Force nucléaire	Apparition des nucléons (neutrons et protons) formés de quarks. Le quark est le plus petit élément connu.
Après la 1re seconde et dans les premières minutes de l'univers	10 milliards de degrés	Force nucléaire	Apparition des premiers noyaux formés de nucléons. Phénomène appelé « nucléosynthèse initiale ».
Un million d'années plus tard	3 000 degrés	Force électromagnétique	Apparition des premiers atomes (d'hydrogène et d'hélium) formés de noyaux et d'électrons libres. Apparition presque simultanée des premières molécules d'hydrogène. Émission du rayonnement fossile à $3°K$.
Des centaines de millions d'années plus tard	L'univers dans son ensemble continue à se refroidir. Ici et là, à l'intérieur des galaxies, la température va commencer à remonter jusqu'à atteindre des milliards de degrés au sein des étoiles.	Force gravitationnelle Force électromagnétique, force nucléaire	Formation des galaxies et des étoiles à partir d'hydrogène et d'hélium Formation au sein des étoiles des autres éléments chimiques du tableau de Mendeleiev
Des milliards d'années (10 MM?) plus tard	—	Force gravitationnelle	Naissance de la planète Terre

Échelle approximative de temps (T_1) et de température (T_2). Avec le temps, on voit apparaître de nouvelles forces de liaison (F_L) et de nouveaux agencements (A_g).

La Terre

Après avoir visité les espaces galactiques, stellaires et interstellaires, nous voilà revenus chez nous, sur notre terre hospitalière. Comment apparaît la terre à ses tout débuts ? Évidemment, très chaude, c'est-à-dire brûlante, combustible. Tellement chaude qu'elle est liquide, la pierre ne pouvant encore revêtir une forme stable. Pendant plusieurs centaines de millions d'années, la surface terrestre restera bien au-dessus du point d'ébullition. Elle va se refroidir tranquillement. Après cette période de refroidissement, la croûte terrestre va se former.

La croûte terrestre étant crevassée de tous côtés, les molécules emmagasinées dans la pierre (et retournées à l'état gazeux sous l'effet de la chaleur) peuvent alors remonter par les orifices (volcans) et s'échapper du sol. Ce gaz, qui sort en puissants geysers, va former ce qu'on appelle une atmosphère. Cette atmosphère va ensuite se condenser et se transformer en molécules d'eau. C'est le phénomène de la pluie, mais ici à une très grande échelle.

Rappelons-nous que les grains de matière qui forment les planètes étaient recouverts d'une mince couche de glace. Une partie de cette « glace » était restée emprisonnée dans la pierre sous forme de gaz. Ce sont ces gaz qui s'évaporent et qui retombent sous forme de pluie[10].

Et maintenant il pleut. C'est le déluge ! Il pleut sans arrêt pendant des millions d'années. « Il pleut, comme dit Hubert Reeves, comme jamais plus il ne pleuvra. Il pleut tous les océans[11]. » Puis, peu à peu, la situation va se stabiliser. Les

---

10. On pense de plus en plus que les comètes ont pu jouer un rôle non négligeable – sinon prépondérant – dans la formation des océans. Voir là-dessus encore Hubert Reeves, *Oiseaux, merveilleux oiseaux*, 1998, p. 54-58.
11. Hubert Reeves, *Patience dans l'azur*, 1988 et 1981, p. 142

pluies abondantes vont cesser et une nouvelle période d'incubation va commencer à l'intérieur des océans. Ce sera celle de la vie et de la complexité vivante.

C'est à l'intérieur des océans maintenant que notre regard doit se diriger. Les océans primitifs sont prêts à accueillir la vie. Ils ont déjà mobilisé des renforts : du gaz carbonique, du méthane, de l'ammoniac et d'autres molécules complexes qui, ayant quitté l'atmosphère, sont venues se déposer en eux. Attendons patiemment l'apparition du premier être vivant. Ce sera pour bientôt.

L'ORIGINE DE LA VIE

Le système solaire s'est formé il y a 4,6 milliards d'années. La vie est apparue six cents millions d'années plus tard alors que la Terre s'était refroidie après s'être recouverte, en maints endroits, d'une couche liquide.

C'est de l'océan, vraisemblablement, que la vie tire son origine[12]. C'est là que les gaz de l'atmosphère primitive se sont déposés : gaz carbonique, méthane, ammoniac, hydrogène. Il nous reste maintenant à attendre que se créent de nouveaux agencements, que la matière s'essaie à de nouvelles combinaisons.

---

12. Cette hypothèse ne fait pas encore l'unanimité mais elle est partagée par la majorité des scientifiques. Pour un bon exposé critique, cf. Robert Shapiro, *L'Origine de la vie*, 1994.

THÉORIE ET DOCTRINE

On peut distinguer entre une théorie et une doctrine. La théorie est un système d'idées ouvert à la critique et à l'apport extérieur, toujours prêt à s'autoréviser et à s'autoréorganiser. Elle est toujours condamnée à l'insuffisance et à la possibilité d'être un jour infirmée par les faits ou invalidée par des observations nouvelles. Une doctrine, au contraire, est un système d'idées fermé qui s'autosuffit et s'autojustifie inlassablement à partir de ses propres instruments. Ses évidences sont des dogmes et leur remise en question est aussitôt disqualifiée. Une doctrine, en termes poppériens, est non falsifiable, non biodégradable. Une doctrine se croit toujours infaillible et incorruptible*.

La science se fonde sur des théories et ce sont ces théories qui ont permis l'avancement de la science en permettant la remise en question, l'amélioration et même le rejet de ces théories quand celles-ci n'étaient plus valables (l'histoire des sciences est une véritable hécatombe où les théories se succèdent sans cesse, laissant la place à d'autres théories, qui seront elles-mêmes remplacées par d'autres, etc.). Les religions et les idéologies politiques (communisme, nazisme, fascisme) sont des doctrines et on comprend pourquoi elles n'ont jamais su changer ni évoluer : elles n'acceptent pas la remise en question, sont insensibles aux données et critiques extérieures et se croient toutes-puissantes.

Une théorie, quand elle se referme sur elle-même et se pétrifie, devient une doctrine. On l'a vu dans le cas du marxisme qui, de théorie chez Karl Marx (la pensée de Marx n'a rien de dogmatique), est devenu doctrine sous l'étiquette du marxisme bolchevique, devenu, sous Staline, marxisme-léninisme. Quand une théorie devient doctrine, elle se fait elle-même hara-kiri car tôt ou tard la doctrine elle aussi mourra. C'est ce qui s'est produit avec le communisme et le nazisme, et c'est ce qui arrivera également aux religions qui, croulant sous le poids de leur rigidité, finiront elles-mêmes par éclater.

---

* Pour la distinction entre théorie et doctrine, voir Edgar Morin, *Pour sortir du XXe siècle*, 1981, p. 92-109.

Les conditions environnementales[13] vont favoriser les rencontres : radiations solaires, éclairs, éruptions volcaniques, tout concourt au brassage des molécules et aux échanges multiples. C'est donc dans un milieu très réactif (la « soupe primitive » ainsi nommée par Oparin), dans l'océan, il y a quatre milliards d'années, que vont se former les premiers assemblages qui seront comme des jalons dans la marche ascendante vers la vie. Comme un jeu de construction, les tentatives répétées vont finir par aboutir à des systèmes plus complexes. C'est une véritable sélection naturelle qui va s'opérer ici entre les éléments, sélection naturelle qui rappelle celle qui a joué dans les premiers moments de l'univers. Il semblerait que la nature, en bien des occasions, soit capable de répéter ses bons coups !

Avec du méthane, de l'eau, du carbone et de l'ammoniac, tous les matériaux de base sont rassemblés pour la grande aventure. Ces éléments vont s'unir progressivement et finiront par former de longues chaînes. On va du plus simple vers le plus complexe. Ainsi, on voit apparaître successivement des acides gras, des sucres, des acides aminés et des nucléotides. Toutes ces molécules sont à base de carbone. Elles ne sont pas si mystérieuses que cela puisque la plupart ont été reproduites en laboratoire dans les années 1950 et 1960[14].

---

13. Appelées aussi « conditions primitives ». Ce sont les conditions qui existaient sur terre à ses tout débuts.
14. « On peut considérer aujourd'hui, grâce aux récents travaux de L. E. Orgel, C. Ponnamperuma, J. Rabinowitz, G. Steinman, que la grande majorité des types de molécules essentielles aux organismes biologiques ont pu être synthétisés par voies purement abiotiques » (Joël de Rosnay, *Les Origines de la vie*, 1970, p. 122). Pour un texte plus récent, et mieux documenté, voir Joël de Rosnay *et al.*, *La Plus Belle Histoire du monde*, 1996, p. 73-102.

C'est le temps, encore une fois, et les contraintes initiales – les éléments présents dans la « soupe » et les conditions environnementales permettant le brassage de ces éléments – qui vont permettre que ces agencements puissent s'opérer. Imaginons qu'avant d'en arriver là il y a eu beaucoup d'échecs, de destructions, d'essais avortés obligeant à de nouveaux recommencements. Mais la nature est tenace, elle ne lâche pas prise facilement.

L'apparition des molécules organiques constitue une étape cruciale dans le passage de la matière inerte à la matière vivante. Ces chaînes d'atomes vont s'édifier en structures stables qui vont durer et par la suite s'enrichir. C'est justement parce qu'elles vont durer qu'elles sont capables de s'enrichir, la sélection naturelle jouant en leur faveur en éliminant les composés instables. Les acides aminés, en se complexifiant, pourront ainsi donner naissance aux protéines alors que les nucléotides vont s'assembler pour engendrer les premières molécules d'ADN. Nous avons là les briques fondamentales de la vie qui, une fois réunies, seront capables d'accomplir toutes les opérations utiles à sa conservation et à son développement : croissance, nutrition, reproduction[15].

(figure page suivante)

---

15. Pour une étude détaillée simple et précise des débuts de la vie, cf. Jean-Didier Vincent dans Luc Ferry et Jean-Didier Vincent, *Qu'est-ce que l'homme ? Sur les fondamentaux de la biologie et de la philosophie*, 2001, p. 238-248 ; pour une bonne introduction aux données de la biologie moléculaire, cf. Charles Auffray et Louis-Marie Houdebine, *Qu'est-ce que la vie ?*, 1999.

GÉNÉALOGIE DE LA MATIÈRE VIVANTE
(schéma simplifié)

carbone (C), hydrogène (H),
oxygène (O), azote (N)

| | |

ammoniac (NH_3), eau (H_2O), méthane (CH_4)
et d'autres hydrocarbures

| | |

acides aminés   bases, sucres

| | |

proténoïdes   nucléotides,
polynucléotides

| | |

protéines   acides nucléiques
(ADN, ARN)

| | |

cellule ou première unité vivante

Est-ce que tout s'est vraiment déroulé dans cet ordre ? Est-ce que certains mécanismes nous échappent encore ? Peut-être. Mais ici les détails perdent leur importance, ce qu'il faut retenir, c'est l'ensemble du processus et le résultat final : *l'apparition de la vie sur terre, au sein de l'océan primitif, il y a environ quatre milliards d'années.*

La question qu'on doit se poser maintenant est celle-ci : sous quelle forme s'est présentée la première cellule vivante ? Encore une fois, il est impossible d'apporter une réponse catégorique. (En science la modestie s'impose ; il est toujours dangereux de prendre les hypothèses même les plus fondées pour des certitudes.) Sous une forme certainement très rudimentaire : algue microscopique, amibe, bactérie ? Ou quelque chose d'encore plus primitif ?

Une fois apparue, la vie pourra s'alimenter à même le milieu aqueux qui déborde de substances nutritives. La « soupe primitive », d'entrée de jeu, doit être conçue comme une « soupe nutritive ». La nutrition, en assurant la conservation de la vie, va permettre sa multiplication. Mais sa prolifération va lui occasionner de nouveaux problèmes. Tôt ou tard, les réserves d'énergie disponibles dans l'océan vont s'épuiser. Après plusieurs années de repos et de tranquillité, la vie va devoir innover. C'est là une autre histoire qu'il faut raconter.

La photosynthèse, une étape importante

Comment la vie va-t-elle résoudre sa première crise d'énergie ? La « soupe nutritive » est incapable de répondre éternellement aux besoins dévorants de ses nouveaux habitants. Résultat : plusieurs millions d'années plus tard, les réserves énergétiques vont se raréfier jusqu'à ce que le manque se fasse sentir.

Dans les circonstances, la vie doit changer de régime alimentaire si elle veut durer. La solution trouvée est la photosynthèse, qui consiste à puiser directement l'énergie du rayonnement solaire et du gaz carbonique dissous dans l'eau. La photosynthèse est un moyen qui permet à la vie de fabriquer elle-même ses propres éléments d'une manière efficace et extrêmement économique. Le gaz carbonique est un produit de la fermentation et l'océan primitif en regorge. Grâce à l'énergie solaire, les premiers organismes pourront le fixer et le transformer en substances assimilables (glucose). En acquérant une certaine autonomie, ils vont bénéficier d'un immense avantage évolutif.

En faisant son entrée, la photosynthèse change les règles du jeu. Un des sous-produits de la photosynthèse est l'oxygène. En libérant des quantités plus importantes d'oxygène, la photosynthèse va modifier les conditions du milieu. Jusque-là, c'était le milieu physique qui imposait ses conditions, maintenant la vie va bouleverser la situation. L'oxygène va donner naissance à l'ozone, cette couche protectrice qui va absorber les rayons ultraviolets les plus néfastes. Autre conséquence : avec l'apparition de l'oxygène, apparaît son corollaire, la respiration. La respiration est un procédé beaucoup plus efficace pour produire de l'énergie. Elle va venir se substituer à la fermentation qui était jusque-là le seul moyen qui permettait à la vie de se conserver.

Cette double conséquence est d'une importance capitale sur le plan évolutif. *La photosynthèse a créé les conditions qui vont permettre aux premiers organismes de quitter les océans pour conquérir la terre.* La couche d'ozone les protégeant des rayons ultraviolets, ils pourront s'y installer pour en faire leur nouvel habitat. Mais tout cela n'est pas encore pour tout de suite. À ce stade, ce n'est encore qu'une promesse. La nature nous a habitués jusqu'ici à beaucoup de patience. Encore une fois, elle va nous faire attendre.

L'évolution de la vie

On pourrait continuer ainsi longtemps. La photosynthèse, il y a environ trois milliards d'années, a permis à la vie de franchir telle étape. Telle autre révolution, par exemple la sexualité, l'a amenée un petit peu plus loin. Puis vint telle difficulté. La vie a dû encore innover en inventant cette fois le système nerveux. Cela lui a permis d'avancer encore un peu plus, etc. Au lieu de retracer l'ensemble des événements qui l'ont marquée, contentons-nous ici d'un bref résumé qui rappelle les grands moments de cette évolution. Une fois rendus à l'homme, nous pourrons nous permettre un nouvel arrêt.

Il semble que les organismes les plus rudimentaires, bactéries, algues, amibes, aient peu évolué pendant des milliards d'années[16]. Puis c'est l'explosion, la vie sort de sa léthargie et les espèces commencent à se succéder à un rythme fulgurant. Les organismes pluricellulaires les plus anciens, à notre connaissance, sont apparus il y a environ six cents millions d'années. Ce sont des méduses. Ils sont issus probablement de la «fédération» d'unicellulaires qui se sont associés sous forme de symbiose. Un nouveau pas décisif venait d'être franchi. Ensuite on voit apparaître les mollusques et les premiers crustacés; un peu plus tard, ce sont les poissons qui font leur apparition.

Les premiers êtres à quitter les océans seront des amphibiens. La Terre est prête à les accueillir, protégée par la couche d'ozone des radiations ultraviolettes nocives à la préservation de la vie. La photosynthèse, grâce à la respiration, et à son sous-produit, l'oxygène, avait déjà préparé le terrain.

---

16. *Cf.* Joël de Rosnay *et al.*, *La Plus Belle Histoire du monde*, 1996, p. 103 et ss.

Les amphibiens permettent le passage du milieu liquide à la terre ferme et, à travers ce passage, inaugurent le règne des reptiles. Étant capables de séjourner hors de l'eau, ils brisent la barrière étanche entre la vie aquatique et la vie terrestre et font franchir à l'évolution un autre pas non négligeable.

Un peu plus tard, eux-mêmes séparés dans le temps, on voit apparaître deux autres embranchements : oiseaux et mammifères. La naissance des mammifères doit remonter à plus de trois cents millions d'années. Les mammifères vont donner les primates. Les primates vont se scinder en deux pour engendrer, d'un côté, les grands singes (orang-outang, gibbon, gorille, chimpanzé) et, de l'autre, les hominiens. De ces hominiens, il y a peut-être trois millions d'années, seraient nés les premiers hommes, du moins ceux qu'on appelle ainsi. L'homme est le résultat et le dernier-né d'une longue évolution qui s'échelonne sur des milliards d'années ! Qui aurait pu imaginer il y a quelques dizaines d'années que notre arbre généalogique avait des racines si profondes ? On est loin du récit de la Genèse et des 6 000 ans de l'histoire biblique !

(figure page suivante)

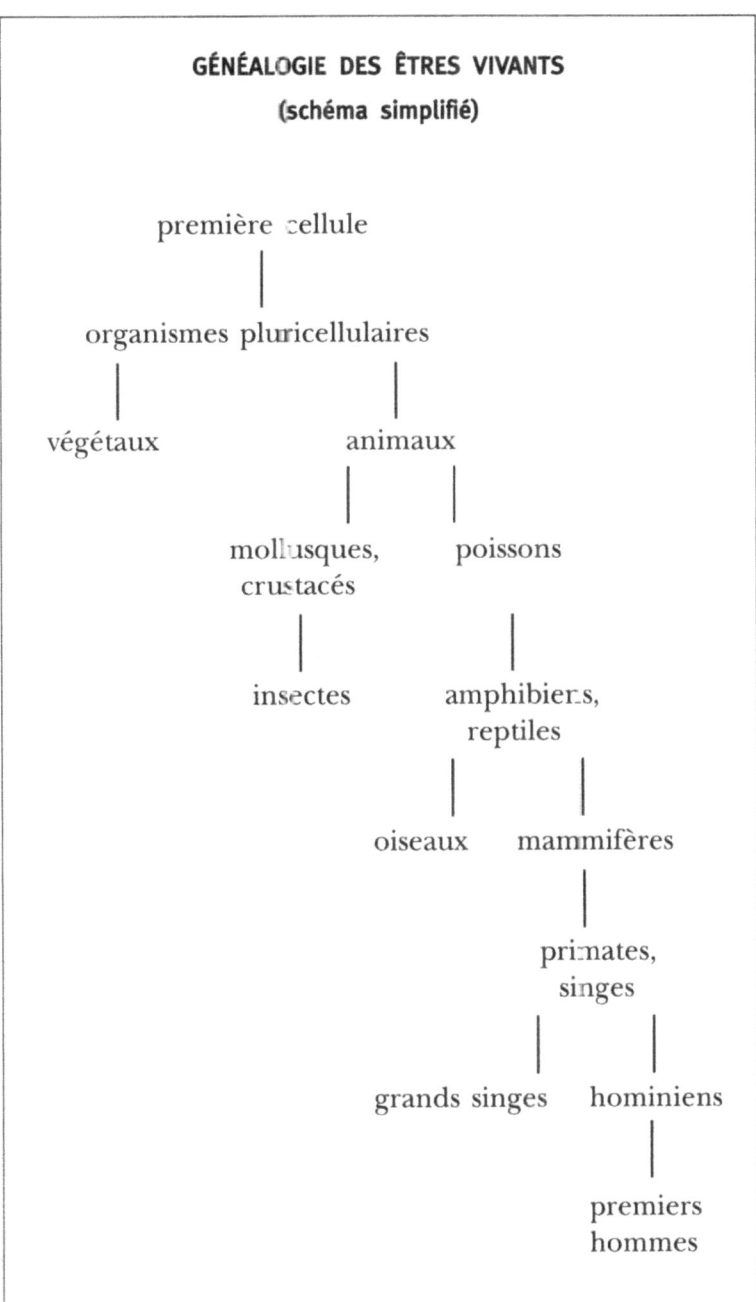

L'HOMME ET L'ANIMAL, LE LIEN ET LA RUPTURE

L'homme descend du primate. Voilà une affirmation qui ne fait plus scandale comme au temps de Darwin. Les plus vieux primates sont âgés d'environ soixante-cinq millions d'années, époque où les dinosaures sont disparus pour des raisons que nous ignorons encore[17].

Ces reptiles géants ont régné sur terre pendant plus de cent cinquante millions d'années. C'est leur disparition qui a permis une nouvelle impulsion vers l'avant et la naissance d'un nouveau règne : celui des primates et de leur ascension.

---

17. Il faudrait plutôt dire *pour des raisons que nous ignorions encore* il n'y a pas si longtemps. Les scientifiques penchent de plus en plus vers l'hypothèse d'une météorite qui serait venue percuter la Terre il y a de cela, justement, soixante-cinq millions d'années. Joël de Rosnay dit : « À la fin du jurassique, il y a soixante-cinq millions d'années, une énorme météorite de 5 kilomètres de diamètre tombe dans le golfe du Mexique, près du Yucat'an. Le choc est tel qu'il est répercuté de l'autre côté de la planète et provoque une résurgence du magma. Ce double bang crée un incendie mondial, les forêts s'embrasent, libèrent du gaz carbonique et des poussières qui recouvrent la Terre d'un immense voile. La planète s'obscurcit, un froid terrible en résulte, avec probablement par la suite, un effet de serre qui conduit à un réchauffement » (*La Plus Belle Histoire du monde*, 1996, p. 118). Ou il y a la seconde option : « On a découvert des traces immenses de coulées de lave d'une épaisseur de 4 kilomètres (environ 2 millions de mètres cubes de lave !) dans le Deccan, au nord-ouest de l'Inde. À l'origine, il s'agirait d'éruptions volcaniques d'une intensité absolument démente, dont l'activité aurait duré 700 000 ans ! Les nuages de poussière et les énormes quantités de gaz carbonique auraient ensuite bouleversé le climat mondial, rendu les pluies et les océans acides et contrarié la photosynthèse. Dans cet enfer sombre, la météorite et ses effets ne sont qu'un grain de poussière » (Pascal Picq *et al.*, *La Plus Belle Histoire des animaux*, 2000, p. 52-53). Catastrophe cosmique ou géologique, l'une ou l'autre, l'une et l'autre, ces raisons expliqueraient, vraisemblablement, l'extinction des dinosaures ainsi que la disparition de nombreuses autres espèces vivantes.

L'ancêtre des primates serait la musaraigne. C'était un petit mammifère, semblable au rat, rempli de promesses sur le plan évolutif. En quelques millions d'années, tel un nouveau conquérant, elle aurait essaimé partout sur le globe. C'est d'elle que vont sortir les diverses lignées de singes, simiens et prosimiens.

Les simiens (ou singes proprement dits) sont apparus il y a environ quarante millions d'années. En faisant leur entrée, ces êtres agiles et intelligents, malgré leur taille, vont accélérer tout le reste du processus. Ancêtres communs des grands singes et de l'homme, ce sont eux qui ont donné, il y a sept ou huit millions d'années[18], ceux qu'on a appelés les hominiens. Les hominiens, à travers les australopithèques (les «graciles»?), nos ancêtres directs, nous conduisent directement à l'homme.

On a essayé d'imaginer ce qui aurait pu déterminer cette évolution, la sélection naturelle étant incapable à elle seule de l'expliquer. Certains ont évoqué l'invention technique (l'outil), d'autres ont parlé du cerveau ou de la station verticale, d'autres encore ont vu l'élément déclencheur dans la culture ou même le langage. Il serait facile d'isoler une dimension en particulier, dire que tout a commencé avec l'utilisation du premier silex taillé, ou tout ramener à la cérébralisation. Ou dire que tout a commencé avec la culture ou avec le bipédisme. Évitons toute réduction qui privilégie une seule dimension. L'hominisation est un processus complexe qui fait appel à plusieurs éléments. Chacun d'eux est fondamental et c'est en interaction les uns avec les autres qu'on doit les concevoir. Non pas à partir

---

18. Les chiffres, tirés de l'ouvrage de Robert Clarke (*Naissance de l'homme. Nouvelles découvertes. Nouvelles énigmes*, 2001, p. 13-15) sont de Yves Coppens qui fait autorité en la matière.

d'un schéma linéaire simple et simpliste, mais à travers une morphogenèse complexe où tous les éléments se coproduisent l'un l'autre.

Processus d'hominisation

```
                    ┌──────────────────┐
                    │   cerveau et sa  │
            ┌──────▶│  complexification │◀──────┐
            │       └──────────────────┘       │
            │                ▲                  │
            │                ▼                  │
┌───────────┴──┐   ┌──────────────┐   ┌────────┴──────┐
│    outil     │◀─▶│  sélection   │◀─▶│   culture     │
│(main préhensile)│ │  naturelle   │   │  (langage)    │
└───────────┬──┘   └──────────────┘   └────────┬──────┘
            │                ▲                  │
            │                ▼                  │
            │       ┌──────────────────┐       │
            └──────▶│ station verticale │◀──────┘
                    │    (bipédisme)    │
                    └──────────────────┘
```

Tous ces facteurs ont joué et peut-être d'autres facteurs ont pu jouer encore. La sélection naturelle (par les mutations génétiques) a agi sur ces facteurs et les a conditionnés. C'est ainsi qu'on a pu passer en quelques dizaines de millions d'années du singe à l'hominien et de l'hominien à l'homme.

L'hominisation fait sauter le verrou entre l'homme et l'animal et nous permet de nous voir sous un angle différent. Mais attention : enracinement ne veut pas dire réduction. La filiation ne doit pas nous masquer la grande originalité de l'homme par rapport aux autres espèces. Ce n'est pas une différence de degré, c'est une différence de nature qui sépare l'homme de l'animal le plus proche de lui. Avec l'homme apparaît la pensée, et avec la pensée, émergent la conscience de soi, la culture, le langage, les idées... Avec la pensée, apparaissent les premières conceptions de l'être humain, mythes, croyances, religions, systèmes philosophiques. L'être humain est un animal, mais c'est un animal bien particulier. *C'est un animal qui pense.* C'est cet animal étrange – unique – qu'il faut maintenant essayer de comprendre.

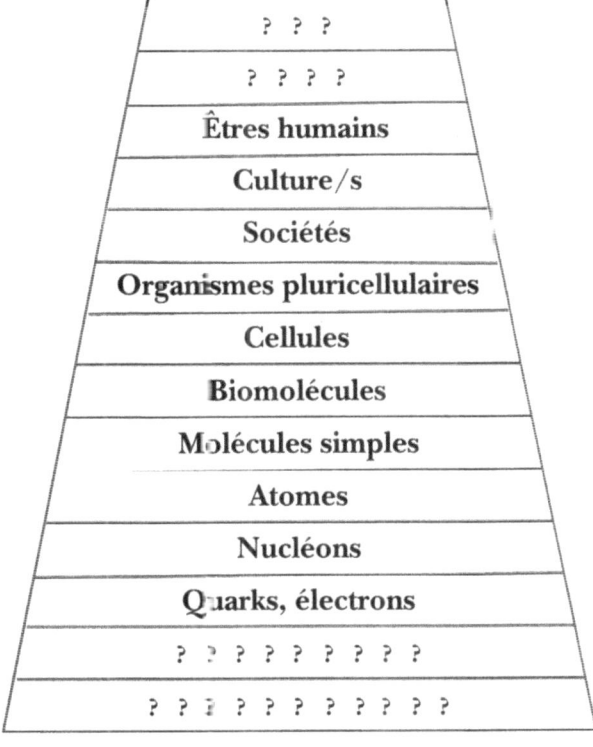

La pyramide de l'évolution

? ? ?
? ? ? ?
Êtres humains
Culture/s
Sociétés
Organismes pluricellulaires
Cellules
Biomolécules
Molécules simples
Atomes
Nucléons
Quarks, électrons
? ? ? ? ? ? ? ?
? ? ? ? ? ? ? ? ? ?

Résumé des grandes étapes qui mènent jusqu'à nous. La pyramide n'existait pas il y a quinze milliards d'années. Elle s'est édifiée au cours des âges, gagnant toujours en complexité.

DEUXIÈME PARTIE

L'ÊTRE HUMAIN, UN ÊTRE MULTIDIMENSIONNEL

Ce petit détour était nécessaire car, avant de savoir qui on est, il faut savoir d'où l'on vient. Une conception de l'être humain n'est pas un portrait statique de l'être humain. C'est une radiographie en profondeur qui fouille jusqu'aux derniers recoins pour essayer d'en comprendre toujours plus.

En cherchant plus loin, nous avons découvert le lien qui nous unit au cosmos, au système solaire, à la vie, aux autres espèces. Nous sommes proches parents des étoiles, des océans (l'océan primitif), des plantes, des mammifères, des primates. Le lien qui nous unit à l'univers nous permet de mieux réfléchir sur nous-même et sur ce qui nous entoure. Il est impossible de penser l'être humain sans penser les systèmes et les sous-systèmes auxquels il est rattaché. Une conception de l'être humain ne peut faire abstraction de tout ce qui, sans être humain, constitue l'être humain: la matière, l'environnement, l'énergie, la vie, les autres espèces. Notre conception de l'être humain, si elle se veut complexe (complète), doit être multidimensionnelle et multiramifiée.

La présente section propose un modèle de l'être humain qui tient compte de ses nombreux enracinements: physique, écologique, vivant, social. Ce modèle se présente sous la forme d'un paradigme ou d'un ensemble de dimensions interreliées. *C'est le paradigme de l'être humain ou de la nature humaine.* En plaçant la pensée au centre du paradigme, nous faisons de la pensée la plaque tournante de *tout* ce qui est humain puisque les autres dimensions n'ont de sens et de signification (c'est-à-dire ne sont dites humaines) que par la pensée. Nous nous appliquerons à présenter chacune des dimensions séparément, mais en gardant toujours à l'esprit les liens qu'il y a entre elles, liens qui forment le tout, ce tout le plus difficile et le plus complexe qui soit, mais aussi le plus formidable à comprendre: nous-même.

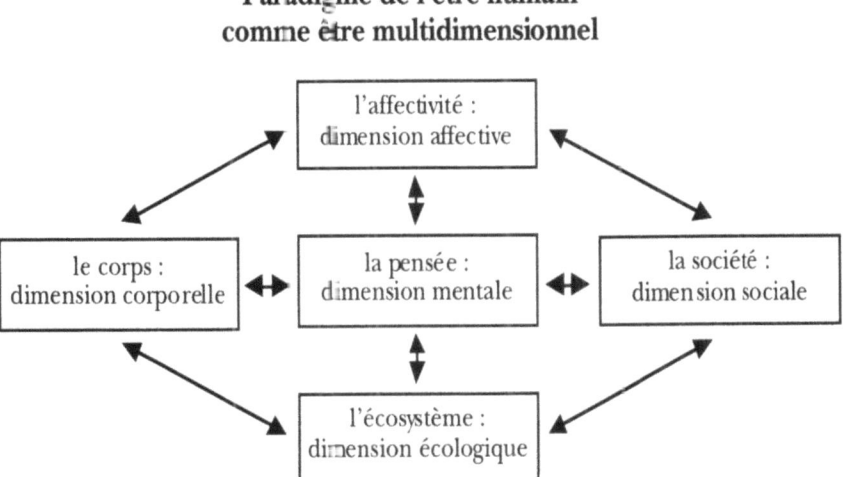

Paradigme de l'être humain comme être multidimensionnel

LA DIMENSION CORPORELLE

Le corps vu comme objet de mépris

Quand on observe un être humain, qu'est-ce qu'on voit d'abord ? Pas un esprit, un corps... Le corps est un agencement particulier d'organes, de tissus, de cellules qui nous donne une forme particulière, la forme humaine. Nous sommes humains par notre esprit, mais aussi par notre corps.

Le corps, cependant, a toujours été conçu négativement. Dès l'Antiquité, le corps a été méprisé et dénigré, on l'a affublé de toutes les épithètes, on l'a traîné dans la boue. Platon considérait le corps comme un « tombeau » pour l'âme (*Gorgias*), une « prison » (*Cratyle*). Cause de troubles, de souffrances et de désirs incessants, le corps constituait une entrave à l'épanouissement de l'âme. L'homme étant son âme, tout ce qui obstruait son développement était vu comme un obstacle. La vie du corps étant la mort de l'âme, l'idéal de l'homme (du philosophe) était de se libérer du corps par la mort véritable (*Phédon*).

On retrouve le même dédain du corps chez les Stoïciens. Sénèque voit le corps non comme un domicile, mais comme un « hôtel de passage » (*Lettres à Lucilius*). Il le trouve très mal ajusté à l'âme, comme un complet mal taillé. Marc-Aurèle est encore plus méprisant. Il parle du corps comme d'une « enveloppe vile », comme d'un « cadavre » que l'âme doit traîner péniblement et misérablement (*Pensées pour moi-même*). Autant le monde païen a pu célébrer le corps, autant il a pu le dénigrer et le rabaisser. Les témoignages de Platon, de Sénèque et de Marc-Aurèle sont assez éloquents à cet égard.

La conception chrétienne du corps n'est pas en rupture avec le monde ancien. Aux yeux du christianisme, le corps reste un lieu suspect et, par là, potentiellement dangereux. Identifié au plaisir sensible et, plus que tout autre, au plaisir sexuel, le corps sera tenu sous haute surveillance. Il faut se méfier du corps, il faut apprendre à le contrôler si on veut sauver son âme. Le péché, ne l'oublions pas, est avant tout péché de chair!

Même la Modernité, comme nous le verrons plus loin, n'a pas changé véritablement notre conception du corps. Descartes voyait le corps comme une «machine», comme de «l'étendue» (ce qui, à vrai dire, n'est rien pour réhabiliter le corps!) et la révolution bourgeoise a apporté avec elle une nouvelle répression du corps, le corps restant, comme sous le christianisme, un objet de crainte et de méfiance.

Une telle méconnaissance du corps a de quoi étonner. Le corps a ses exigences, mais ce n'est pas un tyran. Le plaisir corporel n'est pas l'ennemi de l'homme. Il y a un plaisir à boire, un plaisir à manger, un plaisir à aimer. L'homme a même su augmenter ces plaisirs en inventant un art pour chacun : ainsi il y a un art du boire (la dégustation), un art du manger (la gastronomie), un art de la sexualité (l'érotisme). Ces plaisirs sont humains, bien humains et il faudrait être insensible pour pouvoir s'en priver totalement. L'homme n'est pas un esprit désincarné, il est un esprit dans un corps, un *corps spiritualisé*[20]. Le corps, tout comme les autres dimensions, peut être source d'innombra-

---

20. L'homme ne *possède* pas son corps, comme disait le phénomènologue Maurice Merleau-Ponty, *il est son corps.* «[...] Mon organisme, comme adhésion prépersonnelle à la forme générale du monde, comme existence anonyme et générale, joue, au-dessous de ma vie personnelle, le rôle d'un *complexe inné*» (*Phénoménologie de la perception*, 1945, p. 99). «L'union de l'âme [de l'esprit] et du corps n'est pas scellée par un décret arbitraire entre deux termes extérieurs, l'un objet, l'autre sujet. Elle s'accomplit à chaque instant

bles satisfactions. Et il est source, effectivement, de nombreux agréments, divertissements, amusements, sensations, joies, voluptés.

Ce n'est pas le plaisir qui doit être mis en cause, c'est son usage. Du corps comme de toutes choses, il faut le rappeler : tout est une question de modération. Nous n'avons pas à avoir peur du corps, ce sont nos excès, notre manque de contrôle, plutôt, que nous devons craindre. C'est l'abus qui est toujours dangereux et nocif alors que le plaisir, en lui-même, est tout à fait naturel et légitime.

Le corps et son enracinement vivant

Le corps est relié à la vie comme la vie est reliée à la matière. Avoir un corps nous enracine plus profondément au sein du monde vivant et plus près de nous, au sein du monde animal. Maslow a raison de parler de « besoins primaires » et Freud de libido. Comme tous les êtres vivants, nous avons besoin de nous nourrir et de nous reproduire. L'erreur, ce serait d'hypostasier ces besoins, par exemple de tout réduire aux instincts ou à la sexualité (la « libido »), mais une erreur encore plus grande serait de les rabaisser et de les sous-estimer.

La frontière qui nous sépare des autres vivants n'est pas naturelle : c'est *une frontière culturelle qui n'annule pas la vie mais la transforme et la développe à un niveau supérieur*[21]. Nous

---

dans le mouvement de l'existence » (*idem*, p. 105). « Je ne traduis pas "dans le langage de la vue" les "données du toucher" ou inversement, – je n'assemble pas les parties de mon corps une à une ; cette traduction et cet assemblage sont faits une fois pour toutes en moi : ils sont mon corps même. [...] Je ne suis pas devant mon corps, je suis dans mon corps, ou plutôt je suis mon corps » (*idem*, p. 175).
21. Ce que Morin a très bien montré dans son tome 2 de *La Méthode, La Vie de la vie*, 1980, p. 414 et ss.

avons besoin de nourriture parce que, comme tous les êtres vivants, nous avons besoin d'énergie pour fonctionner. Vivre, c'est utiliser de l'énergie. L'énergie, c'est l'aliment, le carburant sans quoi la vie est inconcevable. Nous avons besoin d'énergie pour vivre, pour nous déplacer, pour penser, pour aimer, pour agir.

C'est dans cette perspective également qu'on doit concevoir la sexualité. Phénomène hypercomplexe et multidimensionnel, la sexualité s'impose d'abord comme une exigence biologique. La sexualité, c'est la carence, le manque, l'« incomplétude » qui caractérise tout être vivant. C'est la recherche de l'autre, l'ouverture et le dépassement à travers autrui. La sexualité est au pivot de tout ce qui est vie (reproduction), espèce, échange, communication. C'est elle qui a permis le développement de la vie et sa prolifération partout sur le globe.

La sexualité concerne le corps tout entier et, en même temps, elle nous fait pénétrer dans la sphère de la conscience, du sentiment, de l'émotion, de la passion. Il est impossible de l'isoler de tout ce qui est affectif, mental, moral ou social. D'abord exigence biologique, la sexualité a été développée et civilisée comme nous avons développé et civilisé tout ce qui est humain. Sans être tout l'être humain, il est indéniable que la sexualité en constitue une dimension essentielle qu'on ne pourra escamoter.

La tradition occidentale a privilégié une vision dualiste. Écartelé entre son corps et son esprit, l'homme, de façon quasi schizophrénique, se voit comme composé de deux réalités distinctes. C'est ce paradigme disjonctif qu'il faut justement briser : tout en nous isolant de la vie, il nous éloigne de nous-mêmes. Il n'y a pas de dualisme entre l'esprit et le corps. Les deux forment un tout harmonieux et indissociable.

Nous inclure dans la vie, c'est nous resituer par rapport à la vie en nous resituant par rapport au corps. Nous avons développé à des degrés supérieurs nos qualités vivantes. Notre sexualité n'est pas confinée à nos parties génitales, elle influence tout notre être, jusqu'à nos pensées et nos désirs. Nous sommes des êtres de besoins, de désirs, mais de désirs incessants, des êtres de souffrances, d'errance, de finitude. Manger, boire, aimer sont des besoins, mais sont aussi devenus des arts que nous avons développés, apprivoisés, domestiqués. Nous avons développé à un niveau incomparable nos qualités de mémoire, d'imagination, d'intelligence, d'affectivité. Nous sommes des vivants, mais des super-vivants. Notre corps nous relie à la matière, mais il est loin de se réduire à la matière ; il est en partie animal, mais ne se réduit pas à de l'animalité. Le corps, en prolongeant la vie, la transcende, ce qui lui (nous) permet d'accéder à tout un monde, un monde bien différent du monde animal. C'est ce monde qu'il faudra dorénavant appeler *humain*.

L'importance du corps

Réduire le corps au plaisir ou à la souffrance, c'est rester esclave d'une conception matérialiste du corps fausse parce que superficielle. Ce préjugé envers le corps nous empêche de voir la réalité plus à fond. Regardons de plus près et essayons d'apprécier ce que le corps représente pour chacun d'entre nous.

D'abord le corps est relié au mouvement, c'est lui qui nous permet de nous orienter et de nous déplacer. La dimension kinesthésique est d'une importance capitale pour l'action. C'est très tôt que l'enfant apprend à coordonner ses mouvements avec le monde extérieur. En touchant aux choses, il apprend à les connaître, à se connaître lui-même et à connaître ses pouvoirs. Par toutes sortes de repères tactiles, visibles, audibles, l'enfant apprend à intérioriser l'espace et à se différencier du monde extérieur. C'est tout l'apprentissage qui est relié au corps et à l'activité corporelle (sensori-motrice). Dans son contact avec les objets, l'enfant développe sa coordination, ses sens, son intelligence, son adresse, sa créativité. Dans son contact avec autrui (mère, père, amis), il développe son affectivité et sa sensibilité, il développe sa sociabilité. La présence du corps dans la construction de l'identité personnelle est capitale.

Capitale, permanente, cette présence se joue à de multiples niveaux. Le corps n'est pas seulement différenciation sexuelle, anatomique ou physiologique. Il n'est pas seulement un outil d'apprentissage, ni uniquement le lieu d'une expérience subjective, il est aussi le médiateur de représentations sociales et culturelles. En ce sens, le corps n'a pas seulement à être appréhendé comme structure organique et vivante, il ne fait pas seulement l'objet de la biologie et de la psychologie, mais il doit être conçu également comme une réalité socialement médiatisée, culturellement investie.

Baudrillard a montré comment le corps est devenu l'un des dominateurs les plus puissants de la culture contemporaine, supplantant l'âme dans le rôle qui lui était autrefois dévolu. Investi par la publicité, la mode, les médias, le corps – comme par un curieux retournement – est devenu lui-même un objet de culte et de dévotion[22]. Un « objet » qu'on sature de signes, qu'il faut faire fructifier et qu'on gère comme un patrimoine. Il y a toute une panoplie de services destinés à mettre en valeur, soigner, remonter, traiter, rééduquer le corps : modes vestimentaires, soins esthétiques, soins de santé, chirurgies, diètes, thérapies corporelles,

---

22. *Cf.* Jean Baudrillard, *La Société de consommation*, 1970 et *L'Échange symbolique et la mort*, 1976.

mises en forme, exercices, massages, et nous en passons. La réappropriation du corps correspond à un phénomène de réinvestissement narcissique, à une nouvelle conscience identitaire. Délivré d'un puritanisme outré qui s'efforçait de le réprimer, le corps éclate, réémerge comme « signifiant », se substituant à l'âme dans son caractère symbolique et idéologique. Le corps investi, « sacralisé », « objet de consommation » est le fruit d'un long travail d'élaboration sociale.

Michel Dostie, dans son beau livre sur le corps[23], parle de corps « politiquement et socialement investis », de corps « économiquement dirigés », de « sexualisation et de sportivisation du corps ». Toute la sociologie du corps, effectivement, ne cesse d'exprimer le corps dans cette prolifération de discours qui s'efforcent d'affirmer, de dire, d'énoncer et de signifier le corps.

Le corps peut être à la fois « signe » (Baudrillard), « sujet » (Merleau-Ponty), support de l'apprentissage (du point de vue du constructivisme) et source d'identité (dans la biologie et la psychologie contemporaines). Voilà qui nous le montre sous un angle bien différent de celui que retiennent ses dénigreurs. Ne voir dans le corps qu'un instrument de plaisir ou de souffrance est faire preuve de bien peu d'imagination. Le corps est présence au monde, ouverture, présence et ouverture qui rendent possible l'existence. Moyen d'apprentissage et source d'identité, il est en même temps moyen de connaissance et moyen d'action. C'est ce que nous allons maintenant voir.

---

23. *Cf.* Michel Dostie, *Les Corps investis. Éléments pour une compréhension sociopolitique du corps*, 1988.

Le corps comme moyen de connaissance

Qu'est-ce que la connaissance? Ce n'est ni uniquement quelque chose de pensé ni uniquement quelque chose de sensible, mais les deux à la fois. La connaissance est un acte mental qui réside dans la saisie du monde extérieur par l'intermédiaire des sens.

La connaissance implique d'abord une différenciation entre soi et le monde extérieur. Le nouveau-né est incapable de connaissance puisqu'il est incapable d'une telle différenciation. C'est progressivement que la connaissance va se développer en même temps que va se développer la conscience de soi.

Comme Piaget l'a bien montré, c'est par l'activité corporelle, c'est-à-dire sensori-motrice, que tout commence. L'enfant n'est que mouvements et sensations. C'est en expérimentant les choses, avec ses mains, ses sens, sa bouche, que l'enfant apprend à faire les premières distinctions. L'expérience lui apprend à faire des liens entre les choses, elle l'amène à les classer, les ordonner, les hiérarchiser. Par l'expérience, l'enfant pourra progressivement se situer dans un monde d'objets sur lequel, éventuellement, il pourra agir.

(encadré, page 88)

LE CORPS ET L'IDÉOLOGIE CORPORÉISTE

Le culte du corps a culminé dans les années 1960 et 1970 avec le « corporéisme »[*]. Cette idéologie se réclamait de Reich et de courants néo-reichiens (issus des travaux de Lowen, Perls, Janov, etc.) qui ont fait du corps leur nouveau souverain.

Le corps magnifié a donné naissance à quantité de mouvements dits de « croissance et de potentiel humain » (thérapies corporelles, MPH, courants bioénergétiques, « végétothérapie », sexologie expérimentale). Après des années de refoulement et d'autocontrainte (les deux grandes guerres), on assistait à l'éclosion d'une nouvelle « ubris », déchaînée et anarchique. Toutes les idéologies y prenaient place (« rêve éveillé », « love baths », expression par le cri, le geste, les larmes, séances d'« hypnoplastique sensorielle », expériences de « transes », « trips hallucinogènes »...), on y a vu naître toutes les aberrations.

Le corps est une dimension fondamentale, mais couronner le corps comme un nouveau dieu, c'est tomber dans le même piège réductionniste qui ramène tout à un seul point de vue ou à une seule dimension. C'est l'exemple encore une fois d'un comportement trivial (enfantin) qui, pour contrer un excès (trop de distance entre soi et son corps, entre soi et les autres), répond par un autre excès.

On ne saurait trop le rappeler : une perception saine de soi réside dans l'équilibre toujours difficile à maintenir, mais nécessaire à sauvegarder. Tout excès d'un côté ou de l'autre est perte de contrôle, dépossession de soi et assujettissement qui dénote un manque de vision globale et une pensée à courte vue.

---

[*] Voir là-dessus le bel ouvrage de David Rompré, *Sexe, stase et orgone. Les thèses du docteur Reich*, 2000.

Le toucher est important, mais ce sont toutes les sensations qui contribuent à l'apprentissage: visuelles, auditives, olfactives, etc. Rousseau avait insisté sur l'importance de l'éducation sensorielle et la nécessité pour l'enfant d'expérimenter les choses par lui-même (ce qu'il appelle des «leçons de choses»). L'esprit de l'enfant, disait-il, est comme un «magasin» dans lequel les sensations doivent s'entasser[24]. La mémoire aidant, l'intelligence pourra éventuellement travailler sur ces matériaux pour en tirer des connaissances utiles à son développement.

C'est dans la même lignée qu'on doit inscrire tout le travail de Piaget et de son école. La connaissance doit être envisagée en termes de croissance et d'apprentissage. Dans les premières années, la connaissance est reliée à l'action et à la motricité. Il faudra attendre le langage (vers deux ans) pour que la fonction symbolique apparaisse. Cette capacité permet le développement d'une nouvelle forme de connaissance, la connaissance par la représentation et l'image. La fonction symbolique ouvre la porte au concept et à l'idée ainsi qu'au jugement et au raisonnement. D'une conception extrêmement limitée du monde, on passe successivement à des constructions de plus en plus élaborées[25]. La capacité d'abstraction se développe progressivement et ce serait, selon Piaget, vers l'âge de onze ou douze ans que l'enfant serait capable d'opérations formelles.

On voit que la connaissance est un processus complexe qu'il est impossible de ramener uniquement à la pensée.

---

24. Pour tout le passage, cf. Jean-Jacques Rousseau, *Émile ou de l'éducation*, 1966, livre troisième.
25. Sur les principaux stades du développement chez l'enfant, voir le grand classique de Jean Piaget, *La Naissance de l'intelligence chez l'enfant*, 1970. Pour une présentation simple et volontairement simplifiée, voir surtout *Problèmes de psychologie génétique*, 1972, ou encore, du même auteur, *Six études de psychologie*, 1964.

En recourant aux sens, la connaissance requiert la contribution du corps. « Il n'y a pas de pensée sans sensations » : c'est ce qu'affirmaient déjà Aristote et Thomas d'Aquin. La connaissance est un acte à la fois mental, cérébral, corporel et sensoriel. Même la connaissance la plus abstraite, la plus philosophique ne peut être dissociée du corps, des sensations, de l'action. Le corps agit comme moyen de connaissance et il est inséparable de la pensée, laquelle est inséparable du corps.

Le corps comme moyen d'action

Une vision réductionniste du corps nous masque ses multiples potentialités. Le corps est multidimensionnel et c'est occulter le corps que de vouloir le réduire à une seule dimension.

Le corps nous permet d'accéder à la vie, à l'individualité, à la connaissance, à l'action. C'est le corps qui nous permet d'accéder au travail, au sport, à l'art et à toutes ces activités qu'on doit concevoir comme des hauts lieux de réalisation et d'humanisation.

À travers l'activité, l'homme s'expérimente en rapport avec son corps, il apprend à l'utiliser, à en connaître les limites, à le maîtriser, à l'affiner. C'est un véritable apprentissage qui l'amène à découvrir son corps et à en voir toutes les possibilités. Le corps est d'une infinie plasticité et d'une inouïe polyvalence. Dans les airs, sur terre ou dans l'eau, il peut marcher, courir, nager, il peut s'élever à l'art le plus sublime comme aux métiers les plus insolites (funambule, contorsionniste !) et aux sports les plus dangereux (sports extrêmes, cascades, etc.). Son éventail est immense, ses possibilités sont infinies, ses ressources sont inimaginables.

Le corps n'est pas un instrument, c'est un artisan dans le sens le plus fort du terme. Il crée, invente, recrée, réinvente sans cesse. L'acquisition des habiletés manuelles, les jeux, le sport, l'art, tout passe par l'action du corps. C'est par le corps que nous prenons contact avec le monde extérieur, grâce au corps que nous pouvons communiquer entre nous. Le corps est le médiateur entre nous et le monde, le médiateur entre nous et autrui. Comment a-t-on pu voir le corps comme un obstacle à l'épanouissement de l'être ? Par quelle aberration a-t-on pu croire qu'il fallait museler le corps ? Platon a tort : loin de s'exclure, corps et esprit n'existent que l'un par l'autre, qu'unis l'un à l'autre. Les deux sont faits l'un pour l'autre et sont toujours inséparables.

La plasticité du corps

Le corps ne cesse de nous surprendre. La plasticité du corps étonne, détonne à un point tel qu'on se demande si c'est bien du corps encore qu'on parle.

Cette plasticité surprend encore quand on constate que le corps recèle d'innombrables possibilités qui, dans des conditions normales, sont ignorées, laissées en friche ou inexploitées. La perte de l'usage d'un sens (la vue, par exemple) entraîne une réorganisation des fonctions sensorielles qui permet le développement d'habiletés nouvelles ou exceptionnelles (le développement du sens de l'ouïe et du toucher chez l'aveugle) qui viennent, en quelque sorte, compenser le déficit. Lucien Malson donne l'exemple « d'enfants sauvages » qui s'étaient habitués à voir la nuit et qui avaient développé une sensibilité proche de celle des animaux (loups, ours) avec lesquels ils vivaient (faible sensibilité thermique, analgésie cutanée, ouïe et sensibilité gustative remarquablement développées, sensibilité magnétique, etc.)[26]. Les Balinais (un peuple d'Indonésie) sont capables d'entendre les quarts de tons alors que, pour la plupart des Occidentaux, ces sons sont inaudibles. Les Inuits ont vingt mots pour désigner la neige parce qu'ils possèdent un système de gradation de nuances qui nous est inconnu.

Les influences du milieu peuvent également rétroagir sur la taille, le poids et le squelette des individus. On a constaté depuis le Moyen Âge que la taille moyenne des individus s'est accrue de plusieurs centimètres (8, 10, 20 cm selon les régions ou les groupes d'individus comparés). À l'inverse, pendant la Seconde Guerre mondiale, on a constaté que la taille moyenne des enfants de Stuttgart (en Allemagne) avait diminué de deux centimètres et demi. La cause en est la sous-alimentation (due aux difficultés de la guerre) qui a provoqué un retard de croissance chez ces enfants. La musculature et l'ossature elles-mêmes ne sont pas déterminées seulement par des facteurs héréditaires, mais elles s'expliquent aussi par le mode de vie, l'alimentation et l'exercice. L'alimentation, l'hygiène, les habitudes de vie, les conditions économiques et sociales sont tous des facteurs qui peuvent influer sur le corps et sur la configuration physique des individus.

Le climat affectif dans lequel baignent les individus, selon certains chercheurs, pourrait même freiner ou accélérer la croissance selon que les individus se sentent aimés et respectés ou, au contraire, qu'ils sont maltraités ou se sentent terrorisés[27]. On reconnaît de mieux en mieux aujourd'hui les troubles liés à des phénomènes d'ordre psychosomatique. En cas d'agressions, de tensions, de conflits,

---

26. Les exemples sont repris de Michel Dostie, *op. cit.*, 1988, p. 28-38.
27. *Cf. ibid.*, p. 31.

de crises, l'individu répond par des réactions qui peuvent avoir une incidence sur les plans organique et physiologique. Le concept freudien de « conversion hystérique » trouve ici son prolongement et sa confirmation, la médecine psychosomatique généralisant ce que Freud avait observé dans les cas de névroses et d'atteintes psychologiques graves.

Le corps est capable de faire face à différentes situations en inventant, chaque fois, une forme nouvelle d'adaptation. Il peut réagir à des facteurs d'ordre physique, affectif, social ou psychologique en procédant à un rééquilibrage, à un réaménagement organique ou à un compromis quelconque qui est toujours une réponse à une pression exercée par le milieu extérieur sur l'organisme. Dans les phénomènes psychosomatiques, l'étroite relation entre l'esprit et le corps témoigne encore une fois de la profonde unité qui existe entre les deux, unité indissociable que le dualisme n'a pas su voir parce qu'il n'a pas voulu le voir. Les exemples ne manquent pas qui prouvent que le corps n'est pas un simple réceptacle, ni une donnée brute et immuable ni encore le seul objet d'une biologie et d'une génétique du corps. Sa grande plasticité nous révèle toute la diversité et la richesse du corps, toutes les possibilités qu'il recèle et toutes les initiatives dont il est capable. « Ne cherchons pas à fixer de limites au corps, comme disait Spinoza, car personne jusqu'ici n'a encore pu déterminer ce que peut le corps[28]. »

---

28. *Cf.* Spinoza, *L'Éthique*, 1954, partie III, proposition II, scolie.

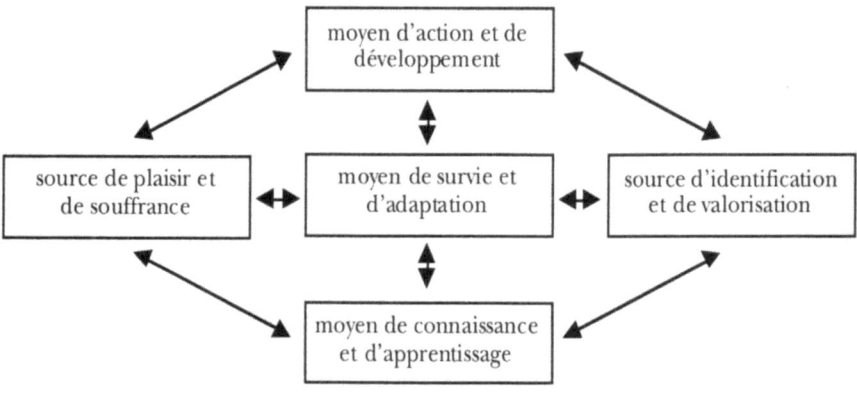

Le corps comme dimension fondamentale

On commence à peine à reconnaître le corps comme une dimension fondamentale de l'être humain. Aucune des dimensions de notre être n'échappe au corps : manger, travailler, jouer, aimer, agir, connaître, penser, toutes les activités humaines ont besoin du corps comme substrat. Concevoir toutes les activités humaines sous cet angle, ce n'est pas les réduire au corps, *c'est les enraciner*.

Le corps ne commande pas seulement les instincts et les pulsions. Tout ce qui est humain et infra-humain, répétons-le, a besoin du corps pour exister. La moindre idée, la moindre émotion mobilise l'action du corps tout entier. Le corps ne doit pas être identifié à la partie animale qui est en nous. Oui, il nous vient de notre héritage reptilien, mammifère et primatique, mais ce que nous en faisons est sans commune mesure avec l'utilisation qu'en fait l'animal. Réduire le corps aux instincts primaires et aux pulsions, c'est manquer d'imagination. L'être humain ne fait pas que s'alimenter et se reproduire. L'animal lui-même, de toute façon, a une existence beaucoup plus complexe. Une telle réduction est bien mal comprendre l'homme et bien mal comprendre l'animal. C'est une double injustice qui dénote un réel mépris des deux.

Toute vision dualiste de l'être humain est une vision simplifiante et mutilante. Le dualisme n'est plus soutenable, il n'est pas souhaitable et il n'est même pas applicable. Il est triplement indéfendable et doit être triplement disqualifié. Une conception de l'être humain qui se veut complexe doit désormais réhabiliter le corps comme dimension fondamentale. Le corps n'est pas un simple instrument; c'est de plein droit qu'il participe à la construction de l'être humain. L'être humain forme un tout qu'on ne peut pas diviser en pièces détachées. Quand l'être humain pense, c'est avec son corps qu'il le fait autant qu'avec son esprit; quand il jouit, c'est tout son esprit qui vibre de même que tout son corps. Réhabiliter le corps, c'est lui redonner sa dignité qu'on lui avait enlevée. C'est redonner sa place au plaisir, c'est redonner sa place au loisir, c'est redonner sa place à l'action; réhabiliter le corps, c'est redonner sa place à l'humain intégral.

LA DIMENSION AFFECTIVE

L'ultime mépris du corps, le mépris de l'affectivité

On accuse le christianisme d'avoir sous-estimé et méconnu le corps. On a raison. Avec le déclin du christianisme et les débuts de la Modernité, on pensait que le corps allait mériter un répit. Pas du tout.

La Modernité inaugure le règne de la raison. Raison va de pair avec civilisation. Sous le règne de la raison et le couvert de la civilisation, la Modernité, comme l'a montré Norbert Elias, va opérer une nouvelle répression du corps[29]. Cette répression ne se cantonnera pas, comme au sein du christianisme, aux seuls « instincts », elle va s'élargir à l'ensemble des structures affectives de l'homme. Tout ce qui touche aux émotions et à l'affectivité, désormais, devient suspect. Crier, manifester sa joie, montrer sa douleur, se quereller sont des comportements devenus dérangeants (dérangés) sur les plans moral et social. On doit désormais cacher ses émotions, on doit dissimuler ses sentiments. La peur, la jalousie, la colère, l'amour, la pitié, l'agressivité, tout ce qui est sentiments véritables, donc humains, doit laisser place à des manifestations intériorisées.

Sur le plan des valeurs, c'est tout un renversement. La montée du processus de civilisation correspond au remplacement des valeurs viriles du Moyen Âge par les valeurs bourgeoises d'ordre et de contrôle. Il présuppose que soit bannie toute forme de débordement susceptible de déranger les consciences et les habitudes de vie. Ce n'est pas un hasard si la chambre à coucher, la salle de cuisine et le cabinet d'aisance n'apparaissent pas avant le XVIIe siècle. Ce sont des créations bourgeoises et la bourgeoisie voue un culte à l'ordre et à l'isolement.

La civilisation va édifier un « mur émotionnel » entre les individus, entre les individus et leur corps (la belle expression est de Roland Jaccard)[30]. Ce sont tous les comportements qui vont devoir être marqués du sceau de l'autocensure. On doit éviter de s'approcher trop près, on ne doit pas s'embrasser en public, on doit réprimer toute saute d'humeur, on ne doit pas parler de sexualité devant des enfants, etc. La civilisation met un voile sur tout ce qui

---

29. Norbert Elias, *La Civilisation des mœurs*, 1973.
30. Dans *L'Exil intérieur. Schizoïdie et civilisation*, 1975.

touche au corps et à ses manifestations. On doit cacher la mort, la vieillesse, la maladie, la folie dans des enceintes spécialisées, hors de la vue et hors de la pensée, dans des hôpitaux, des hospices, institutions, asiles. Pudeur, froideur, retenue, dissimulation, insensibilité deviennent les nouvelles vertus, vertus bourgeoises, vertus de civilisation! La morale bourgeoise est une morale de l'autocontrôle et de l'autocontrainte où planent de puissants interdits sur les comportements. Dans l'esprit de la Modernité, ce que l'homme est incapable de maîtriser, c'est à la société de le maîtriser à sa place.

On commence à peine à se dégager de cette image rétrograde du corps, de cette mentalité hypocrite et régressive. Le dernier siècle et les progrès des trente dernières années ont fait éclater l'ancienne conception du corps héritée du XVIIIe siècle et de la « révolution bourgeoise ». En réhabilitant le corps, c'est tout le domaine de l'affectivité qui s'est vu également réhabilité. Nous nous intéresserons, dans cette partie, à cette dimension fondamentale de l'être humain qui fait le pont entre l'esprit et le corps, et qui unit l'être humain sur les plans psychologique, biologique et anthropologique.

Le corps et la dimension affective

Le corps est le siège de l'affectivité et de la sensibilité. C'est parce que nous avons un corps que nous sommes capables de sentir, d'aimer et de haïr, de jouir et de souffrir. Avec le corps, c'est toute la gamme des états affectifs qui apparaît: plaisir, douleur, émotions, sentiments, passions.

Quand on parle de faits affectifs ou de dimension affective, une précision s'impose. Le mot « affectivité » veut dire deux choses: d'abord, c'est une disposition, une aptitude à être affecté par ce qui arrive (une mauvaise nouvelle, un accident, un deuil ou, au contraire, quelque chose de positif : un mariage, une promotion, etc.). Cet état est toujours accompagné de plaisir ou de douleur, physique ou morale (psychique). Le fait *d'être toujours accompagné de plaisir ou de douleur* distingue les états affectifs des autres états qui ne sont pas reliés (pas directement reliés) à l'affectivité (par exemple les états mentaux).

Dans son deuxième sens, un sens plus général, le terme « affectivité » couvre l'ensemble des états affectifs (plaisir et douleur, émotions, sentiments, passions). Il concerne la vie affective prise dans sa globalité[31].

Les deux sens se rejoignent et c'est en utilisant les deux que nous aborderons cette partie. Nous diviserons cette partie de la façon suivante : Les émotions ; Les passions ; Les sentiments. À la fin, nous procéderons à un bref résumé des grandes lignes de cette présentation.

L'affectivité ou dimension affective

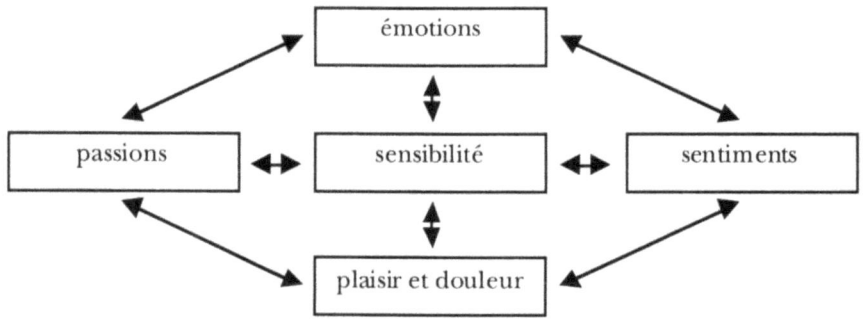

---

31. On retrouve les deux mêmes acceptions dans le dictionnaire : Affectivité : « 1. Aptitude à être affecté de plaisir ou de douleur. 2. Ensemble des phénomènes de la vie affective » (*Le Petit Robert 1*).

Ce que sont les émotions

Au sens étymologique, émotion veut dire mouvement (*motio*), sortie ou passage brusque d'un état vers un autre état (*e-motio*)[32]. C'est ce qu'indique le langage courant quand on dit de quelqu'un qu'il « est hors de lui » ou, encore, qu'il est « sorti de ses gonds ». On dit aussi, mais dans un sens atténué cette fois, « être dé-contenancé », « être é-perdu », « être dé-routé » par ce qui arrive.

L'émotion se distingue justement du sentiment par son intensité affective plus forte. L'émotion pourrait être décrite comme un état affectif fort, le sentiment, comme un état affectif faible. L'émotion est toujours perte de contrôle, violence, et c'est pour cette raison qu'elle paraît parfois si proche de l'instinct.

La colère et la peur sont des émotions, ainsi que la crainte et la douleur, la joie et la tristesse quand elles augmentent d'intensité. Mais l'intensité affective n'est pas le seul facteur qui nous permet de distinguer l'émotion du sentiment. Le deuxième facteur, qu'il en soit la cause ou l'effet, peu importe, ce sont les troubles somatiques qui accompagnent l'émotion et qui créent une espèce de déséquilibre qu'on n'observe pas dans l'expression du sentiment.

Prenons l'exemple de la peur. Cet exemple à lui seul nous donne accès à un répertoire quasi illimité de troubles physiologiques : mouvements involontaires, agitations, troubles de respiration, sueurs froides, sécrétions internes (adrénaline, hyperglycémie), palpitations, spasmes... Même chose pour la colère : sous l'effet de la colère, on perd toute coordination, on pâlit ou on rougit, les fréquences cardia-

---

32. Pour cette section, *cf.* Paul Foulquié, *L'Action. Cours de philosophie*, 1962, première partie, chapitre II.

ques augmentent, la respiration devient irrégulière, on transpire, on perd le contrôle.

Entendons-nous : il ne s'agit pas ici de réduire l'émotion à sa composante organique. L'élément représentatif est trop important pour qu'on puisse opérer une telle réduction. Tout état affectif est le résultat et la combinaison de deux éléments : l'un physique, l'un psychique. C'est la *prédominance* de l'un ou de l'autre qui nous permet de distinguer entre ces états. Un sentiment, s'il est assez intense, peut se transformer en émotion. C'est le cas de l'amour, de la joie ou de la tristesse qui sont l'un ou l'autre, l'un et l'autre selon leur tonalité affective. L'émotion est un état affectif complexe. Il s'agit de le comprendre et, pour ce faire, il faut analyser ses manifestations. C'est là le meilleur indicateur, sinon le seul que nous puissions avoir.

Ce que sont les passions

Que sont les passions ? En donner une définition qui réunirait tous les cas n'est pas facile. On peut cependant proposer celle-ci : la passion est un état affectif dominant (plus précisément, une inclination) qui peut devenir exclusif[33]. La passion est un état affectif comme l'émotion ou le sentiment. C'est un état affectif dominant parce qu'il prend le dessus sur les autres inclinations (travail, loisirs, famille, etc.). Quand il devient exclusif, il prend toute la place et agit de façon totalitaire.

Le meilleur moyen de reconnaître les passions est de les classer d'après leur objet. Ainsi, l'avarice est une passion de même que la toxicomanie, le « collectionnisme », le jeu quand on devient incapable de s'en défaire. Les passions peuvent porter sur des choses (exemples précités) comme

---

33. *Cf. ibid.*, p. 62.

sur des personnes (amour maternel, amour conjugal); il y a également des passions qu'on pourrait dire mixtes: tout en portant généralement sur des choses, leur appréciation ne peut venir que d'autrui (passion de l'art, passion du savoir).

On peut situer les passions à mi-chemin entre les émotions et les sentiments. Selon qu'elles s'opposent ou appellent la volonté, c'est-à-dire qu'elles dépendent davantage du corps ou de l'esprit, on obtient deux catégories: l'émotion-passion et le sentiment-passion. Dans la première catégorie, on peut ranger la toxicomanie et l'alcoolisme; dans la deuxième catégorie, on retrouverait l'amour maternel, la passion de l'art et la passion du savoir. Les autres exemples mentionnés (le « collectionnisme », la passion du jeu, l'amour conjugal, etc.) sont difficiles à classer, ils peuvent être envisagés comme des cas intermédiaires, mais ici encore c'est loin d'être évident.

Les passions nous ont conduits un peu plus loin que les émotions. À la fois enracinées dans le corps et dans l'esprit, elles peuvent prendre des formes multiples. Les passions ne sont pas toutes condamnables, mais elles sont toutes dangereuses. Essayons de mieux les comprendre.

Nécessité et danger des passions

La passion est toujours dominante. De dominante, elle peut devenir dominatrice; de dominatrice, elle peut se transformer en passion exclusive. On serait portés à condamner au départ toutes les passions, mais notre jugement doit être plus nuancé. Retenons surtout ces quelques idées qui pourront nous aider à mieux les connaître et mieux les dépister:

– Peu importe la forme qu'elle revêt, quand une passion devient exclusive, elle est toujours néfaste et dangereuse. La passion exclusive n'est possible que par un rétrécissement de la pensée qui est la réduction à une seule dimension (l'argent, le jeu, la drogue, etc.). Envahissant tout le champ de l'action, aliénant la pensée et la volonté, elle rend insensible (aveugle) à toute autre valeur. La passion exclusive agit toujours de façon tyrannique et totalitaire.

– Les passions qui placent l'individu sous la dépendance du corps sont toujours plus dommageables et plus difficiles à déraciner que les autres. Pensons à l'alcoolisme et à la toxicomanie qui, en plus d'être difficiles à guérir, sont un véritable fléau pour l'individu et la société. Ces passions, de dominatrices, tendent naturellement et spontanément vers l'exclusivisme. Elles doivent être doublement condamnées parce qu'elles sont une atteinte à l'individu et une menace pour la société.

– En fait, c'est davantage par son objet qu'autrement qu'on peut juger de la valeur morale d'une passion. La passion est une tendance, c'est-à-dire une préférence, et la tendance s'oriente toujours vers un objet. Quand l'objet est louable ou loué (le bien d'autrui, la justice, le savoir), la passion peut être bonne et même encouragée[34]; quand l'objet est moralement condamnable[35] (alcool, drogue, jeu), la passion l'est aussi.

On voit encore une fois que ce ne sont pas toutes les passions qui sont à bannir. Certaines peuvent être nobles et légitimes parce qu'elles sont dirigées vers un but louable (passion du bien, passion du vrai, amour conjugal, amour maternel). À vrai dire, seuls les véritables passionnés sont capables d'accomplir quelque chose de véritablement

---

34. Pour autant, bien entendu, qu'elle ne monopolise pas toute l'attention, comme dans le cas de la passion exclusive.
35. « Moralement condamnable », il s'agit donc d'un jugement de valeur. Mais comment établir la démarcation autrement? Bonne question.

grand. « Rien de grand, disait Hegel, ne s'est accompli dans le monde sans passion ». Les grandes œuvres et les grandes découvertes sont toujours le fruit d'hommes qui sont animés et soutenus par une grande et noble passion (les Platon, Michel-Ange, Mozart, Hegel, Einstein, etc.).

Ne réduisons pas l'homme à l'intelligence et à la raison. Il y a la raison mais, pour utiliser une métaphore, il y a aussi le « cœur »[36]. Faisons sa place à l'affectivité et aux passions qui peuvent être utiles et légitimes. Si la condamnation vaut pour certaines passions (passions exclusives, passions dont l'objet est « condamnable »), cela ne veut pas dire qu'elle vaut pour toutes les passions. Que serait une vie pour celui qui n'aurait jamais connu la passion ? Ce serait une vie bien monotone et, pour tout dire, pauvre et plutôt misérable.

Ce que sont les sentiments

Au sentiment, comme à tout état affectif, nous pouvons appliquer cette définition : un état psychique et organique toujours accompagné de plaisir ou de douleur. Pour reprendre une différence déjà faite auparavant, le sentiment est un état affectif à prédominance représentative (psychique/morale) alors que dans l'émotion prédomine l'élément organique (physiologique/somatique).

Nous avons ici les deux pôles de l'affectivité humaine, les passions se situant entre les deux et pouvant, selon l'objet et l'intensité affective, être apparentées à l'un ou à l'autre (c'est ce que nous venons de montrer en donnant quelques exemples et en risquant une tentative de classification).

---

[36]. « L'être humain, disait Hölderlin, habite le monde non seulement prosaïquement, mais aussi poétiquement ». Le romantisme a sa part de vérité tout autant que le rationalisme. Rousseau ne s'oppose pas à Descartes, les deux se complètent l'un l'autre.

Nous avons fondé notre hiérarchie sur le principe suivant : *dans tout état affectif se mêlent de façon complexe du physique et du psychique, seule la prédominance de l'un ou de l'autre nous permet de distinguer tel ou tel état.* L'être humain est un tout, corps et esprit à la fois, l'affectivité est au confluent des deux.

Le sentiment est donc un état psychophysiologique dont la résonance organique est faible, si faible qu'elle n'est pas déréglante comme dans l'émotion. Le sentiment n'est pas assez intense (fort) pour entraîner des troubles physiologiques importants. Dans le sentiment, la composante organique est là plus comme accompagnement que comme élément essentiel.

On pourrait dresser toute une nomenclature des sentiments, les classer en sentiments positifs ou négatifs, en sentiments personnels, familiaux, sociaux, moraux, religieux. On n'en voit pas l'utilité. Mentionnons tout simplement en passant les principaux sentiments qui, positifs ou négatifs, agréables ou désagréables, tissent quotidiennement notre vie affective : amitié, orgueil, fierté, vanité, pitié, admiration, honte, espoir, crainte, ennui – quand ils ne dépassent pas certains seuils –, joie, tristesse, amour, haine, etc.

Avec les sentiments, c'est tout un champ nouveau de l'affectivité qui s'ouvre à l'homme. De par sa nature essentiellement représentative, le sentiment s'incorpore à son intériorité et vient l'enrichir considérablement. L'animal reste prisonnier de ses émotions et de ses instincts, il est incapable d'éprouver des sentiments. Il vit son affectivité dans son corps et, en ce sens, ne participe que très faiblement à la sensibilité affective. L'homme, lui, la vit à la fois dans son corps et dans son esprit, c'est ce qui fait que sa vie affective est si riche, si diversifiée... et si compliquée.

L'affectivité, nœud gordien entre l'esprit et le corps

Tous les animaux sont capables de sensibilité, mais ils ne sont pas tous capables d'affectivité. C'est avec les mammifères et surtout les primates que l'affectivité va se développer pour émerger pleinement avec l'homme. L'animal le plus évolué, le chimpanzé par exemple, dépasse à peine le niveau des émotions alors que l'humain s'élève jusqu'aux passions et aux sentiments. L'affectivité n'est pas une donnée toute faite, c'est un acquis évolutif qui s'est enrichi petit à petit, étape par étape.

Plus on monte dans la hiérarchie des états affectifs, plus l'élément représentatif devient déterminant. C'est cet élément qui distingue l'homme de l'animal et qui fait que l'affectivité humaine n'a rien de comparable avec l'affectivité animale.

Reprenons la hiérarchie. Premier niveau : les émotions. Les émotions sont des états violents, intenses à forte résonance organique. Les passions sont à mi-chemin entre les émotions et les sentiments. Certaines peuvent être déréglantes sur le plan physiologique (alcoolisme, toxicomanie) alors que d'autres, au contraire, peuvent exercer un pouvoir régulateur (passion du bien, amour maternel). Troisième niveau : les sentiments. Dans les sentiments, l'impression psychique (morale) prédomine et la résonance organique est faible.

Cette hiérarchie nous montre l'évolution qu'il y a de l'un à l'autre. Au plus bas de l'échelle, c'est-à-dire au niveau des émotions, on est encore très proches des instincts. Les émotions ébranlent le corps tout entier et créent un déséquilibre organique qui les rend souvent difficiles à maîtriser. Il est possible de les travailler, c'est-à-dire de les adoucir, mais c'est une action qui reste toujours limitée. Au haut de l'échelle, au niveau des sentiments, c'est l'esprit qui prend la commande. Le sentiment est un état affectif à prédominance représentative et c'est ce qui le distingue de l'émotion. Dans le sentiment, le corps joue un rôle, mais un rôle accessoire. Les sentiments quand ils sont positifs, c'est-à-dire quand ils nous portent vers les autres et vers le bien, sont ce que nous avons de plus humain et de plus évolué.

Si la prédominance de l'un ou de l'autre, de l'esprit ou du corps, nous permet de distinguer entre ces états, c'est cette même prédominance qui nous permet également de voir entre ces états une gradation. Là où le corps prédomine, nous retrouvons des états affectifs élémentaires, là où c'est l'esprit qui prédomine, on a affaire à des états affectifs plus complexes. La différence entre l'émotion, le sentiment et la passion n'est pas de nature, mais de degré.

Une réflexion sur l'affectivité nous montre la forte unité qu'il y a entre l'esprit et le corps. *L'affectivité est un mélange des deux*. C'est la partie animale, mammifère qui est en nous, mais que nous avons développée et domestiquée[37]. C'est une dimension importante de l'être humain qui n'est pas isolable, on le voit, des autres dimensions. Essayons de toujours garder à l'esprit ce lien qui unit les dimensions entre elles et qui fait de l'être humain non pas un ensemble de parties, mais un tout indissociable.

---

37. Et à quel point nous l'avons développée et domestiquée! Voir le beau chapitre que Thomas De Koninck a consacré à l'affectivité et aux arts, dans *La Nouvelle Ignorance et le problème de la culture*, 2000, chapitre IV, p. 107-150.

LA DIMENSION MENTALE

Dimension mentale? Pourquoi pas dimension cognitive? Ou dimension rationnelle? Parce que la pensée ne se réduit ni à la raison ni à la cognition[38].

Le terme « mental » ici sera pris sans aucune restriction. Par « mental », *nous entendons tout ce qui se rapporte aux idées et aux représentations*. La dimension mentale concerne tout ce qui touche de près à la pensée (la rationalité, la conscience, la volonté, l'imagination) ou qui en est le produit (les images mentales, les concepts, les perceptions).

Il est impossible de parler de la pensée sans parler du langage[39]. Le langage est le véhicule de la pensée, il permet de fixer les idées et de les relier entre elles. Il permet la transmission de la pensée à travers le concept, le mot, la langue, la parole. Le développement du langage a permis le développement de la pensée et le développement des idées. Les trois sont intimement liés et il serait vain d'essayer de les isoler ou de les séparer.

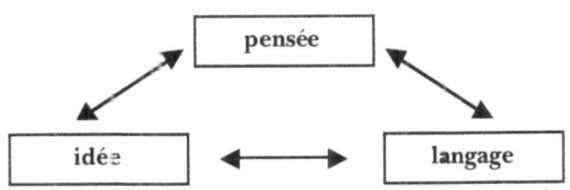

---

38. C'est donc dire que notre conception de la pensée (dimension mentale) dépasse le *rationalisme* et le simple *cognitivisme*, lesquels, pris à la lettre, sont deux formes d'enfermement de la pensée, donc deux formes encore de réductionnisme. Le réductionnisme, décidément, nous guette de partout...
39. Sur le lien entre les idées et le langage, et l'importance du langage comme facteur d'évolution, voir Robert Clarke, *Naissance de l'homme. Nouvelles décou-*

Ces trois pôles forment un tout et c'est en tant que totalité que nous devons les concevoir. L'expression de la pensée se fait à travers l'idée et le langage qui en sont toujours les manifestations et la traduction. La pensée, ce sont les idées et le langage réunis. Pensée/idée/langage, voilà le triptyque qui est au centre de ce que nous appellerons ici, dans notre terminologie, la « dimension mentale ».

La conscience

On doit poser la question : Est-ce que l'homme est le seul à posséder la conscience ? Les animaux sont-ils conscients qu'ils vivent, qu'ils sentent ? Sont-ils conscients des choses qui les entourent ? Il est impossible de le vérifier et d'en faire la démonstration. Mais faisons attention, car ce n'est pas ce que leur comportement donne à voir. Leur comportement est toujours la réaction à un stimulus, c'est une réponse stéréotypée. L'animal est engagé dans l'immédiat et semble incapable d'un minimum de recul. Si conscience il y a, cette conscience est sans cesse refoulée, inhibée, écrasée par un ensemble d'automatismes et de réflexes instinctifs.

On est bien obligé d'admettre, tout comme pour l'affectivité, que la conscience ne s'épanouit véritablement qu'avec l'homme. La conscience, à un premier niveau, est la capacité de connaître la réalité et de pouvoir la juger. Toute prise de conscience commence par un questionnement. C'est la remise en question de ce qui allait de soi : pourquoi y a-t-il quelque chose plutôt que rien ? Pourquoi la vie existe-t-elle ? Pourquoi les saisons, pourquoi les

---

vertes. *Nouvelles énigmes*, 2001, chapitre 4, p. 71 à 88. *Cf.* aussi, et surtout, John C. Eccles, *Évolution du cerveau et création de la conscience. À la recherche de la vraie nature de l'homme*, 1994, chapitre IV, p. 97 à 129.

étoiles, pourquoi la pluie? La prise de conscience du monde est la reconnaissance que le monde est différent de nous, et c'est cette reconnaissance qui amène le questionnement. La prise de conscience est d'abord différenciation, différenciation entraînant une distanciation, distanciation permettant une appréciation et une évaluation.

La conscience prend ses racines dans la séparation entre le sujet et l'objet; c'est le premier moment de la conscience, celui de la conscience objective. Conscience du monde qui l'entoure, elle se prolonge dans la conscience de soi que Descartes a si bien illustrée dans l'exemple du «cogito». Ainsi, après s'être tourné vers l'extérieur, l'être humain se replie sur lui-même et recommence son questionnement. La conscience de soi est un recul par rapport à soi, par rapport à ses idées, par rapport à sa pensée. Qui suis-je? Pourquoi suis-je différent des autres? Qu'est-ce que le moi? Qu'est-ce que la pensée à partir de laquelle j'appréhende toutes choses? La conscience de soi est cette aptitude réflexive qui permet à la pensée de se regarder elle-même et de s'évaluer. Elle constitue sans contredit un moment clé pour la conscience.

Le développement de la conscience est lié intimement au progrès d'*homo*, lui-même lié intimement au développement de la société. Dans les sociétés humaines avancées, la conscience s'affine de plus en plus pour devenir conscience morale. C'est la conscience morale qui fait de nous des êtres moraux et des êtres sociaux, capables de devoirs et de responsabilités. Avec la conscience morale, la conscience connaît une nouvelle naissance et un nouveau développement.

L'être humain est capable de réfléchir sur ce qui l'entoure, sur ce qu'il fait, sur ce qu'il est. Réfléchir veut dire juger, évaluer, remettre en question. La conscience permet cette recherche de sens et d'intelligibilité qui caractérise essentiellement l'être humain. Elle n'est pas isolable des autres facultés de l'esprit, pas isolable de la société et de la culture. Elle va de pair avec l'ensemble des progrès humains et c'est sous cet angle, c'est-à-dire comme « phénomène anthropologique total » (expression de Marcel Mauss)[40], que nous devons désormais l'envisager.

La conscience et l'inconscient

« Bien des gens, écrit Freud, appartenant ou non aux milieux scientifiques, se contentent de croire que le conscient constitue à lui seul tout le psychisme[41]. » Or, ces gens ont tort. Un des grands mérites de la psychanalyse, et de Freud en particulier, est d'avoir découvert l'importance de l'inconscient dans le fonctionnement de notre psychisme, et d'en avoir précisé le contenu de façon rigoureuse et systématique.

La conscience et l'inconscient ne sont jamais séparés ; ce ne sont pas deux « pôles », mais deux forces qui agissent l'une sur l'autre et qui s'influencent mutuellement. On connaît les troubles qui sont reliés à l'inconscient : blocages, conflits, traumatismes, névroses. Dans la vie de tous les jours, nous accomplissons des actes que nous croyons « normaux » (lapsus, oublis, actes manqués), mais ces actes, au fond, seraient gouvernés par notre inconscient[42]. L'inconscient se retrouve dans nos rêves, nos pensées, nos désirs, nos fantasmes, notre sexualité. De nombreux comportements échappent à notre conscience et l'inconscient constitue la « voie royale » pour les étudier et comprendre leur signification.

---

40. *Cf.* Marcel Mauss, *Essais de sociologie*, 1971.
41. Sigmund Freud, *Abrégé de psychanalyse*, 1975, p. 18.
42. Thèse soutenue par Freud dans *Psychopathologie de la vie quotidienne*, 1979.

L'être humain est habité par des désirs inconscients, par des motivations inconscientes qui influencent souterrainement ses actes et ses comportements. En chacun de nous grouillent des forces obscures, des pulsions secrètes, une sexualité agitée et agissante qui perturbe, dérange, s'insinue dans notre belle cuirasse d'insensibilité et d'imperméabilité. Nous voilà tombés de notre piédestal, renvoyés à notre animalité et à notre affectivité, conduits davantage par nos instincts et nos pulsions que par la raison.

Au début du XXe siècle, l'inconscient était inconnu de la plupart des philosophes et des psychologues qui s'intéressaient à l'étude du comportement (*behavior*). Freud, en mettant en lumière l'importance de l'inconscient, a eu le mérite de montrer les limites d'une conception trop rationaliste (et donc simpliste) de l'être humain. En montrant les liens entre l'esprit et le corps (là où logent la libido et l'énergie sexuelle), entre le corps et l'affectivité (qui fourmille de désirs, de pulsions, de tendances et d'émotions inavouables), entre l'organisation psychique et l'organisation biologique, Freud a été un des premiers à traiter l'être humain comme une « totalité organique et dynamique ». Il a été un des premiers, en fait, à voir l'être humain de façon multidimensionnelle et à essayer de bâtir une conception (une « anthropologie ») capable de relier et d'articuler les différentes dimensions de l'être humain. Il lui manquait peut-être une théorie sociale, ce que Marx, de son côté, avait su élaborer, mais dans une autre optique et dans un contexte différent[43]. Nous aurons l'occasion,

---

43. « Théorie sociale » que Freud avait quand même su ébaucher dans *Malaise dans la civilisation*, 1971 et dans *Totem et tabou. Interprétation par la psychanalyse de la vie sociale des peuples primitifs*, 1988. Mais son analyse restait limitée et, de plus, elle n'était envisagée que sous un seul angle, celui de la psychologie (et surtout de l'inconscient). Freud n'a pas su reconnaître l'originalité et la spécificité du « social », son irréductibilité propre, qu'on peut essayer de

un peu plus loin, de discuter de la pensée de Marx et d'en montrer les profondes intuitions, pour en dégager, comme nous l'avons fait pour la psychanalyse, le ferment critique et heuristique.

La raison

Aristote définissait l'homme comme un « animal raisonnable ». Pour lui, la capacité de raisonner est ce qui distingue l'homme de l'animal, lequel en serait « réduit, dit-il, aux images et aux souvenirs »[44]. Aristote, en faisant cette distinction, avait sûrement mis le doigt sur un élément important.

On peut définir la raison comme la faculté de faire des liens, liens entre des choses, des actions, des idées. Faculté de la pensée, la raison rend capable de connaître, de comparer, de juger, de convaincre et d'agir. On attribue habituellement à la raison trois fonctions principales.

– La *fonction logique* permet de structurer et d'organiser la pensée. À partir de règles, elle établit des liens entre les idées et les concepts pour former des jugements, établit des liens entre les jugements pour former des raisonnements. C'est la fonction logique qui permet de préciser le sens des mots et l'extension des concepts; c'est elle qui permet de procéder à des définitions et à des analyses. Fonction critique, elle ouvre la voie à l'échange et à la confrontation des idées, elle sert à convaincre, prouver, justifier...

---

comprendre à l'aide de la psychologie mais qu'on ne peut ramener à la psychologie.
44. Aristote, *La Métaphysique*, 1981, tome 1, p. 3.

– La *fonction cognitive* est celle qui nous permet d'avoir accès au savoir. La raison est capable de relier les phénomènes entre eux, elle est capable d'en dégager les principes et d'en connaître les causes; c'est ainsi qu'elle peut expliquer l'univers physique, la vie, l'homme, la société. La fonction cognitive rend possible cette connaissance en visant l'objectivité et l'universalité. Se basant sur l'observation et l'expérimentation, elle cherche à élaborer des hypothèses et des théories capables d'expliquer plus adéquatement la réalité. C'est elle qui, depuis des siècles, mène la grande aventure de la connaissance.

– La raison a aussi une *fonction pratique*. La raison nous rend capable de juger et de comparer; du jugement et de la comparaison découle l'action. C'est la raison qui nous permet d'opérer des choix, de discriminer entre le vrai et le faux, le bien et le mal, nous indiquant ce qu'il faut faire ou éviter. Nos actes ne sont dits raisonnables ou déraisonnables, rationnels ou irrationnels, que parce qu'on réfère à elle comme critère ultime. Cela ne veut pas dire qu'elle ne se (nous) trompe pas. Sur le plan pratique comme sur le plan théorique, il y a tout un apprentissage à faire, il y a toute une éducation de la raison. Bien penser et bien agir sont difficiles.

On comprend pourquoi Aristote l'a tant louangée et pourquoi la Modernité a consacré son règne. Si étonnante par ses pouvoirs et si remarquable par son efficacité, on croyait la raison illimitée (infaillible). Plaçant la pensée, la connaissance et l'action sous sa gouverne, c'est à partir d'elle qu'on avait défini l'être humain.

Kant a montré les limites de la raison devant certaines questions (difficultés) que la raison elle-même ne pouvait résoudre. L'univers est-il fini ou infini? A-t-il un commencement dans le temps ou est-il éternel? L'âme existe-t-elle? Dieu existe-t-il? On peut formuler des hypothèses sur ces questions, mais ces hypothèses n'auront jamais valeur de certitudes. Tout ce qui transcende l'univers sensible outrepasse les pouvoirs et les prétentions de la raison à tout expliquer, tout comprendre et tout ordonner. Le criticisme kantien, sans rabaisser la raison ou la discréditer en tant que telle, la resitue à l'intérieur des limites de l'expérience sensible[45]. La raison n'est pas illimitée et elle ne prend sa signification, *sa véritable valeur* que si elle est rattachée aux autres dimensions de la pensée (conscience, mémoire, imagination, volonté, etc.), sans quoi elle devient infirme et orpheline. Nous allons voir, de toute façon, que la raison comporte en elle-même un risque inhérent d'autodestruction, lequel, s'il n'est pas contrecarré, peut la conduire à sa propre perte.

Raison et rationalisation

La raison est la faculté qui nous permet de connaître, de juger et d'agir conformément à des règles. La raison commande la logique et l'action. Elle est au fondement de la pensée et les deux sont souvent confondues.

La rationalité est l'activité de la raison établissant l'adéquation entre la pensée et la réalité, le sujet et l'objet. La rationalité est condition de vérité et d'objectivité.

La rationalisation est la recherche de rationalité à partir de données partielles, d'une vision partiale ou d'un prin-

---

[45]. « La première des trois questions dans lesquelles tient tout l'intérêt de la raison, tant spéculative que pratique, est la suivante : "Que puis-je savoir ?" Kant se flatte d'en avoir parcouru toutes les solutions possibles, et d'avoir trouvé celle "dont la raison est obligée de se contenter et dont elle a d'ailleurs tout motif d'être satisfaite quand elle ne s'occupe pas de l'intérêt pratique"» (Préface à la *Critique de la raison pure*, 1984, p. V). Sur les antinomies de la raison, *cf. Critique de la raison pure*, p. 338-412 ; sur les pouvoirs de la raison en rapport avec l'expérience sensible, *cf. ibid.*, p. 489-568.

cipe unique. La rationalisation, par rapport à la rationalité, procède toujours par simplification de la réalité[46]. Elle agit toujours par réduction à un seul facteur ou à un seul élément. « La vision d'un seul aspect des choses (rendement, efficacité), l'explication en fonction d'un facteur unique (l'économique ou le politique), la croyance que les maux de l'humanité sont dus à une seule cause [...] constituent autant de rationalisations »[47]. La rationalisation broie les différences, occulte les difficultés, élimine tout ce qui résiste à la réduction. « On peut dire que l'industrialisation, l'urbanisation, la bureaucratisation, la technologisation se sont effectuées selon les règles et les principes de la *rationalisation*, c'est-à-dire la manipulation sociale, la manipulation des individus traités en choses au profit des principes d'ordre, d'économie, d'efficacité »[48]. Sa vision totalisante des choses, *unidimensionnelle*, la transforme en instrument de pouvoir, de contrôle et d'assujettissement (ce que Marcuse appelle « raison instrumentale »[49]).

---

46. Cette distinction est empruntée à Edgar Morin : « Rationalité et rationalisation ont le même tronc commun, qui est la recherche de cohérence. Mais, alors que la rationalité est ouverte à ce qui résiste à la logique et demeure en dialogue avec le réel, la rationalisation *intègre de force le réel* dans la logique du système *et croit alors le posséder* (c'est nous qui soulignons). Cette tendance rationalisatrice rejoint ici la tendance "idéaliste" profonde de tout système d'idées, qui est d'absorber en lui la réalité qu'il nomme, désigne, décrit, explique » (*La Méthode*, tome 4, *Les Idées. Leur habitat, leur vie, leurs mœurs, leur organisation*, 1991, p. 136). Cette distinction avait été établie au milieu du siècle par les philosophes de l'École de Francfort : Marcuse, Adorno, Horkheimer. La distinction est peut-être critiquable, mais c'est la seule qui nous permet d'opposer rationalité et excès de rationalité, raison et déraison.
47. Edgar Morin, *Science avec conscience*, 1990, p. 145.
48. *Ibid.*, p.150.
49. La « raison instrumentale » utilise comme moyen ce qui devrait être une fin (l'être humain, l'écosystème, etc.). Sous sa gouverne, tout est subordonné au rôle d'outil ou d'instrument. Voir là-dessus Herbert Marcuse, *L'Homme unidimensionnel*, 1968.

La raison peut produire à la fois ou alternativement rationalité et rationalisation. Toute élimination de ce qui est désordre, dysfonction, subjectivité, c'est-à-dire de tout ce qui est non rationalisable, est rationalisation. La rationalisation exclut l'affectivité, l'émotivité, l'irrationnel, le non-rationnel. La rationalisation, par son obsession de l'ordre et de l'efficacité, est incapable de traiter la moindre complexité.

La rationalisation est tapie au sein de la raison et la menace sans cesse de désintégration. La rationalisation, c'est la tendance naturelle de l'esprit à simplifier. Elle sommeille en chacun de nous et peut se manifester à tout moment. Elle est présente chez l'illuminé et l'endoctriné, mais aussi chez celui qui ramène tous les problèmes (personnels, économiques, politiques, sociaux) à une seule cause ou à un seul type d'agent. Le seul moyen de l'enrayer, c'est de garder l'esprit ouvert, c'est-à-dire, encore une fois, de rester vigilant. La raison doit rester ouverte à l'adversité, à la confrontation, à l'opposition et même à la contradiction. Elle doit retourner sans cesse aux faits et à l'expérience pour éviter l'isolement dans l'abstraction. Il y a du non-rationalisable dans la société, dans la vie, dans l'existence, dans l'amour, dans l'art, dans l'émotion. Les hommes ne doivent pas être au service de la raison, c'est la raison qui doit être au service de l'homme. Les excès de la raison, la rationalisation, doivent être dénoncés comme déraison et irrationalité.

L'imagination

On définit habituellement l'imagination comme la « faculté de se représenter des images » (*Le Petit Robert 1*). On distingue en termes plus techniques entre imagination reproductrice et imagination créatrice. Cette distinction est stérile. Si l'imagination reproductrice consiste dans «l'évocation d'objets (d'images d'objets) déjà perçus» (*idem*), on ne voit pas en quoi elle diffère de la mémoire. Ce qu'on a appelé vainement imagination reproductrice n'est rien d'autre que la mémoire. S'il n'y a pas d'imagination reproductrice, parler d'imagination créatrice, du coup, nous apparaît comme une simple tautologie. À moins qu'elle ne soit complètement déréglée (folie, paranoïa), l'imagination est créatrice ou elle n'est pas; il n'y a pas d'imagination sans création.

Le mot création lui-même est de plus en plus galvaudé. On l'utilise pour décrire n'importe quoi: on parle de création manufacturière, de création immobilière, de création industrielle, de création technologique. Ce terme est souvent confondu avec ceux de production et de fabrication standard. Créer n'est pas copier ou reproduire; créer, c'est donner une *forme nouvelle* à des éléments ou à des matériaux préexistants. Dans la création, il y a toujours quelque chose d'inédit qui apparaît, la forme ou l'idée qui est dans l'esprit et qui se concrétise à travers une œuvre, un produit, un projet ou une structure.

C'est dans ce sens rénové que l'imagination doit être entendue. *Imaginer consiste à se représenter sous forme mentale quelque chose de nouveau à partir de quelque chose de préexistant*[50]. La création se fait soit par recombinaison d'éléments

---

50. «L'imagination n'est pas limitée aux choses et n'a pas à se laisser gouverner par l'empirique, elle joue et s'amuse avec des images qu'elle construit, elle nous affranchit de l'immédiat, fait découvrir de nouvelles dimensions de la réalité. Elle rend possible l'ubiquité, la sortie même du temps, de tout ce qui confine; elle peut contribuer à créer d'autres mondes, d'autres cohérences, à pressentir d'autres vérités, à donner "corps aux choses inconnues", comme dit Shakespeare. Sans l'imagination, point de métaphores: il n'y aurait que la lettre bête comme une machine, celle qui tue. Point non plus de théories scientifiques. Elle permet de dépasser l'immédiat sensible pour

connus dans une synthèse nouvelle, soit par invention pure et simple de quelque chose de nouveau (mais pas sans rapport avec), différent de ce qui existait auparavant. La plupart des créations se rangent dans la première catégorie (création littéraire, création artistique). Dans la deuxième catégorie figure ce qu'on préfère souvent appeler des inventions ou des innovations (invention d'un nouveau remède, d'un nouveau produit, d'une nouvelle pratique, d'un nouveau procédé, d'une nouvelle tendance).

Henri Laborit voit dans l'imagination la faculté qui fait que l'homme est beaucoup plus qu'un simple animal.

Ce qui distingue profondément les sociétés humaines des sociétés animales les plus évoluées, ce n'est pas l'aspect énergétique, ce n'est pas leur travail, même avec la puissance intermédiaire de l'outil ; ce n'est pas non plus une liberté individuelle [....] *mais un déterminisme d'un niveau d'organisation supérieur, celui de l'imagination*[51].

L'imagination créatrice des individus qui les composent est la seule caractéristique qui distingue les sociétés humaines des sociétés animales, puisque même aux origines, c'est elle qui a permis la découverte de l'outil[52].

C'est parce que l'homme est capable d'inventer des stratégies nouvelles, c'est parce qu'il est capable de répondre de façon originale aux défis de l'environnement qu'il serait plus «intelligent» que l'animal. L'imagination, selon Laborit, permettrait à l'homme de se libérer de ses automatismes inconscients ; c'est elle qui lui permettrait de s'adapter et d'évoluer à l'intérieur d'un environnement toujours hostile et incertain.

---

mieux le connaître lui-même, mais aussi pour s'élever vers ce qui le dépasse... » (Thomas De Koninck, *La Nouvelle Ignorance et le problème de la culture*, 2000, p. 65).
51. Henri Laborit, *L'Homme imaginant*, 1970, p. 137.
52. *Ibid.*, p. 146.

Imagination ou raison, laquelle choisir? D'Aristote ou de Laborit, lequel a raison? Doit-on définir l'homme comme un « animal imaginatif » ou comme un « animal raisonnable »? Est-ce la raison qui a fait l'homme ou c'est l'imagination? On sait bien qu'il ne s'agit pas de trancher; trancher, c'est encore une fois simplifier. Imagination et raison n'ont de sens que l'un dans l'autre, qu'unis l'un à l'autre. C'est ce que nous allons voir à l'instant.

Imagination et création

On doit encourager l'imagination, c'est-à-dire la création et l'innovation. C'est l'imagination, comme le dit Laborit, qui est à l'origine des grands progrès de l'humanité. Grâce à l'imagination, l'homme a inventé l'outil, il a inventé l'abri, il a inventé le feu. Dans ses loisirs, il a inventé l'art, la peinture, le mythe, le rite, la danse, la sépulture. L'imagination n'a pas seulement permis à l'humanité de progresser, elle l'a fait naître. C'est en utilisant des stratégies nouvelles, c'est en innovant sans cesse que l'homme a pu se dégager du primate et de l'hominien. Le monde humain est bien un monde de nouveautés et de créations, un monde inventé de toutes pièces que seule l'imagination alliée à l'intelligence pouvait faire naître.

De nos jours, c'est encore la force de l'imagination qui fait les grands hommes: les Platon, Aristote, Cervantès, Einstein, Marconi[53]. L'imagination a permis des progrès dans tous les domaines: en philosophie, en art, en littérature, dans les domaines scientifiques et techniques. Il faudrait des jours pour vanter ses mérites et dénombrer toutes ses réalisations.

---

53. Les grands passionnés étaient aussi des grands imaginatifs, et des gens éminemment rationnels. Autre preuve, encore une fois, que chez l'être humain rien n'est isolable.

Mais l'imagination n'agit jamais seule. Si elle n'est pas tempérée par la raison, elle risque de devenir son propre ennemi. Les grands découvreurs étaient à la fois des grands imaginatifs mais c'étaient en même temps des hommes terriblement rationnels. La création, en fait, est toujours le résultat du travail conjoint de l'imagination et de la raison. L'imagination à elle seule peut facilement s'égarer. C'est le danger qui la guette de décrocher de la réalité et de se perdre dans l'imaginaire. L'ennemi de l'imagination, c'est la perte du sens de la réalité, le refuge dans l'irréalité d'un monde qui n'existe que dans l'esprit.

L'imagination ne doit pas servir de prétexte pour fuir la réalité. Trop d'imagination confine à l'inaction et à l'isolement; à la limite, une imagination débridée peut conduire à la folie : folie des grandeurs, mythomanie, paranoïa, délire. Le malade mental ne souffre pas d'un manque d'imagination, il souffre d'un excès incontrôlé d'imagination.

La raison doit servir d'appui à l'imagination afin de l'empêcher de dérailler. Elle doit constamment la ramener à l'ordre et la guider dans ses activités. Le créateur, l'artiste, le découvreur connaissent bien l'importance de la raison comme puissance critique dans le travail de l'imagination. La critique permet de prendre du recul par rapport à l'œuvre : le peintre prend du recul par rapport à sa toile, l'écrivain prend du recul par rapport à son texte. L'activité artistique n'est pas inspiration pure, pas plus que la découverte ou le génie n'est pure intuition[54].

---

54. « [...] La grande œuvre, écrivait Abraham H. Maslow, demande non seulement l'éclair, l'inspiration, l'expérience paroxystique (terme cher à Maslow), mais également un dur labeur, un long apprentissage, une impitoyable critique, des règles de perfection. Autrement dit, la spontanéité maîtrisée s'appelle délibération, le regard critique remplace la pure réceptivité, l'intuition contrôlée devient pensée rigoureuse, la prudence vient tempérer l'audace, la fantaisie et l'imagination font l'épreuve de la réalité.

La véritable création réside dans ce jeu complexe où imagination et raison se complètent et s'opposent à la fois, se nourrissent et se concurrencent l'une l'autre afin de tirer de chacune le meilleur parti. C'est cette saine collaboration faite de coopération et de rivalité, d'antagonisme et d'entraide qui fait l'étoffe des grands découvreurs, ceux qui ont permis à l'humanité de naître et d'évoluer.

La volonté

La pensée est constituée d'un faisceau de facultés différentes mais reliées entre elles. Ces facultés, rappelons-le, ne sont pas des réalités concrètes, ce sont des *outils conceptuels* (catégories mentales) qui nous permettent de mieux nous comprendre. Leur valeur méthodologique ne doit pas nous masquer la seule vérité qui soit : la pensée est un tout indivisible qu'on divise en parties (en pensée !) uniquement pour éviter la confusion.

Ceci dit, parlons maintenant d'une quatrième faculté de la pensée : la volonté. La volonté réside dans une détermination de l'esprit, dans une inclination poussant à agir ou à s'abstenir. Comment décrire cette détermination de l'esprit ? L'analyse classique, en psychologie, y distingue quatre étapes :

– On pourrait appeler la première étape conception. C'est le contenu de la volonté, c'est ce qui est voulu par l'individu (s'acheter une automobile, se marier, aller à

Surviennent alors les questions : " Est-ce vrai ? " " Les autres vont-ils comprendre ? " " Sa structure est-elle solide ? " " Tient-elle à l'épreuve de la logique ? " " Comment apparaîtra-t-elle dans le monde ? " " Puis-je la mettre à l'épreuve ? " Surviennent alors les comparaisons, les jugements, les évaluations, les préoccupations du lendemain, les choix, les rejets » (*Vers une psychologie de l'être*, 1972, p. 162-163).

l'université, etc.). Vouloir, c'est toujours vouloir quelque chose, la première étape réside justement dans ce « quelque chose » qui est l'intention première.

– Vient ensuite la deuxième étape qui est la délibération. Délibérer consiste à examiner le pour et le contre, à évaluer l'opportunité d'agir ou de ne pas agir. On délibère en analysant les raisons et les motifs de l'intention. Cette étape est comme un répit, une période de réflexion et souvent même de remise en question.

– La décision suit la délibération : après avoir délibéré, on décide s'il faut agir ou ne pas agir.

– La quatrième étape est l'exécution. L'exécution réside dans la conformité de ce qui est fait avec ce qui est voulu ; elle consiste *dans le respect et l'accomplissement* de la volonté.

Toutes ces étapes sont importantes, mais la dernière, l'exécution, est tout à fait cruciale. C'est vers elle que tend la volonté et c'est en elle qu'elle trouve sa vraie signification. On pourrait quasiment affirmer, sans trop exagérer, que sans exécution il n'y a pas de volonté. Si on peut juger un arbre à ses fruits, on doit également juger la volonté à ses résultats. En ce sens, on peut dire de bien des intentions qu'elles restent souvent des vœux pieux. La volonté – celle de l'alcoolique par exemple qui veut arrêter de boire, celle du toxicomane qui veut s'en sortir – doit se manifester par des gestes et des comportements concrets sinon il y a lieu d'en douter sérieusement. Bien des résolutions n'aboutissent pas aux résultats escomptés, non par manque de moyens, mais par absence de vouloir véritable. De la résolution à l'exécution, le passage est loin d'être automatique.

C'est l'exécution qui est difficile, la résolution, elle, n'engage encore à rien (sauf peut-être son honneur !)[55].

La volonté est une question de détermination de l'esprit, de fermeté dans la décision. Le vouloir véritable doit d'abord reposer sur une représentation claire et réfléchie de ce qui est voulu, puis sur les moyens à utiliser pour l'atteindre. On ne peut vouloir que ce que l'on connaît, on ne doit vouloir que ce que l'on peut réaliser. Si la volonté n'est pas épaulée par la raison qui la motive, la justifie et la rend réalisable, elle se dégrade en simple caprice, en pure velléité ou, pire encore, en mensonge à soi-même.

L'animal est déterminé par les forces qui agissent sur lui ; l'homme se détermine, il se détermine pour des motifs ou des mobiles qui le poussent à agir. La volonté réside dans ce *pouvoir d'agir* qui permet la libre décision ; elle est inséparable de la liberté et s'y confond presque.

La spiritualité

Va-t-on fermer la porte à la spiritualité ? Ce n'est aucunement notre intention. Le spirituel est un terme très large qu'il est impossible de circonscrire avec précision. On ne doit pas ramener le spirituel au religieux. Il faut éviter cette erreur. *Le spirituel renvoie à tout ce qui communique de près ou de loin avec une force, un pouvoir, une « énergie », un dieu, bref avec tout ce qu'on pourrait caractériser de transcendant*[56]. On ne

---

55. « Il n'y a jamais d'autre difficulté dans le devoir, écrivait Alain, que de le faire » (*Définitions*, dans *Les Arts et les dieux*, 1961, ©1958, p. 1050). « [...] Les désirs, comme aimait à le rappeler John Dewey, ne sont que châteaux en Espagne s'ils ne sont traduits en action » (*Expérience et éducation*, 1968, p. 121).
56. On pourrait nous reprocher d'appauvrir le champ de la spiritualité en le délimitant trop étroitement. Mais si on ne circonscrit pas le spirituel, il

doit pas fermer la porte à ce type de réalité même s'il est improuvable. En prouver l'inexistence, de toute façon, est également impossible.

La spiritualité ouvre sur plus grand que soi, c'est une ouverture mystérieuse sur l'infini, l'inconditionné, l'indicible, ce qu'on ne peut ni communiquer ni circonscrire. Le mot transcendance («trans» veut dire au-delà, par-delà, au-dessus) renvoie lui-même à l'idée d'écart, d'ouverture, de dépassement. La transcendance d'aujourd'hui n'est plus celle d'un Ordre sacral prédéterminé (d'une religion ou d'une religiosité particulière par exemple), ce n'est plus une transcendance unique, mais une recherche de sens au-delà des enracinements sociaux, culturels, historiques ou religieux. Heidegger la définissait comme «un appel qui vient de moi et qui pourtant me dépasse». C'est bien le sens noble et hautement élevé que nous avons donné ici au mot «spiritualité».

La spiritualité peut être envisagée comme une sous-dimension de la dimension mentale. Cependant, elle n'est *ni obligatoire ni conditionnelle* à l'épanouissement de l'être

---

envahit tout le domaine de la pensée. Le dalaï-lama qui est considéré (du moins par plusieurs) comme « le plus grand maître spirituel de notre époque », utilise le terme abusivement (naïvement) en le mélangeant avec le moral, l'affectif, le mental et même le conscient. Le mot « spiritualité », il est vrai, est tiré du mot « esprit » (*spiritus* en latin). Mais si on veut lui garder ce sens premier, on s'embarque dans toutes sortes de contradictions qui rendent tout discours intenable car tout devient spirituel (la pensée, la conscience, la vie, la morale, l'amour, etc.). Si on veut donner plus d'extension au concept, qu'on le fasse. On peut parler de « vie spirituelle », de « valeurs spirituelles », « d'engagement spirituel », mais l'important, c'est de savoir dans quel sens on en parle, sinon c'est la confusion la plus totale. Et c'est bien le reproche que nous avons à faire à la plupart des discours « spiritualistes » ou « spiritualisants » qui finissent toujours en discours à la tarte à la crème.

humain. Elle est inhérente à l'être humain mais, paradoxalement, elle ne lui est pas essentielle. Comme toute croyance, elle relève avant tout de l'individu, donc c'est d'abord quelque chose de personnel. Elle peut être positive et même enrichissante, mais elle peut aussi être négative et malsaine[57]. Là-dessus restons prudents. Les excès de rationalité sont dangereux, mais les excès de spiritualité sont pires encore. Comme les autres dimensions, la spiritualité a sa place, mais, comme toutes les autres dimensions, elle ne doit surtout pas la déborder. Là où la vigilance est moins forte, la porte est ouverte à tous les abus et à toutes les mystifications. Et on sait comment le terrain de la spiritualité est glissant (inutile d'insister). À nous, encore une fois, d'y voir clair, car il ne faudrait pas que ce qui se veut humanisant se transforme en son contraire et nous déshumanise.

La dimension mentale, épicentre de toutes les dimensions

La dimension mentale couvre un ensemble de facultés reliées et interdépendantes. Ces facultés permettent diverses opérations qui nous montrent, comme en surimpression, comment la pensée est multiforme : réfléchir, connaître, raisonner, évaluer, comparer, juger, analyser,

---

57. Yves Saint-Arnaud fait la distinction entre besoin structurant et besoin fondamental. Le besoin structurant est habituellement une réponse à un besoin fondamental, mais il n'est *qu'une modalité* à travers laquelle le besoin fondamental peut se réaliser. Plusieurs besoins structurants peuvent répondre à un seul besoin fondamental. Contrairement au besoin fondamental, le besoin structurant n'est pas universel et il peut même arriver qu'il soit défavorable au développement de la personne. Le besoin religieux, selon Saint-Arnaud, entre dans la catégorie des besoins structurants (*cf.* Yves Saint-Arnaud, *La Personne humaine*, 1974, p. 51-58). Cette distinction est importante si nous voulons comprendre la façon dont nous avons nous-mêmes envisagé la spiritualité.

synthétiser, conceptualiser, généraliser, problématiser, critiquer, imaginer, se souvenir, prévoir, vouloir...

La pensée, malgré cette apparente dispersion, n'est pas pour autant insaisissable. La pensée trouve son unité dans l'idée, et c'est à partir d'elle qu'il faut essayer de l'appréhender. La pensée travaille toujours sur des idées, que celles-ci soient conscientes ou inconscientes, concrètes ou abstraites, rationnelles ou farfelues, idées qui se présentent toujours sous forme de perceptions, de croyances, de savoirs, de mythes, de théories, d'idéologies.

L'idée est le matériau de base que la pensée utilise pour agir sur la réalité. Popper, pour décrire les idées, parle d'un « troisième monde », le monde de l'esprit, médiateur entre le monde des choses (la réalité extérieure) et le monde des expériences vécues (la réalité intérieure)[58]. Edgar Morin, empruntant l'expression à Teilhard de Chardin, parle de *noosphère*, par analogie avec la sociosphère et la biosphère (*noos* en grec veut dire esprit). Allant plus loin encore, Morin va jusqu'à proposer une science nouvelle – une *noologie* – qui porterait sur l'étude des idées. La *noologie* serait la science des idées, de leur vie et de leur organisation au sein de la pensée (plus concrètement le cerveau), leur habitat[59].

Avec la pensée (les idées), c'est toute une dynamique qui s'installe entre l'affectif, le corporel, le social et l'écologique. La pensée permet à l'être humain de changer son rapport à soi et au monde extérieur. Au monde réel et matériel, la pensée superpose un monde de représentations qui transfigure la réalité, le monde, soi-même.

---

58. *Cf.* Karl R. Popper, *La Connaissance objective*, 1998.
59. *Cf.* Edgar Morin, *La Méthode*, tome 4, *Les Idées. Leur habitat, leur vie, leurs mœurs, leur organisation*, 1991, p. 110.

On ne saurait réduire l'être humain à la pensée, mais il faut éviter plus encore de sous-estimer son importance. Tout ce qui est humain est humain parce que médiatisé par la pensée. Sans la pensée, l'homme n'est rien de plus qu'un vulgaire animal.

Notre compréhension de l'être humain doit s'effectuer à tous les niveaux (en incluant toutes les dimensions), mais en privilégiant la pensée comme lieu de convergence. Notre vision du corps, notre manière de voir l'affectivité, de voir l'environnement, de voir la société, de concevoir les autres, de nous concevoir nous-même, tout passe par la pensée. La pensée est à la fois intérieure et extérieure aux dimensions (car elle en fait elle-même partie), rétroagissant sans cesse sur les dimensions (donc aussi sur elle-même, d'où son extraordinaire complexité!) qui rétroagissent sans cesse sur la pensée. On ne peut parler de dimensions, c'est-à-dire de l'être humain, sans parler de la pensée. À la fois centre et épicentre, la pensée est au cœur névralgique de l'existence vécue, de l'expérience propre, de l'identité et de l'individualité. C'est la pensée qui nous permet de penser l'être humain (sous l'angle de dimensions) en nous pensant nous-même. S'il n'y a pas de pensée, il n'y a ni être humain ni conception de l'être humain!

Essayons de mieux comprendre l'être humain en abordant maintenant la dimension sociale, tout en nous rappelant, encore une fois, que chaque dimension est un angle de vue, un regard particulier (une abstraction, en fait) qui n'a de sens et de réalité que s'il est relié au tout qu'est l'être humain. Un tout tellement complexe qu'il sera toujours impossible de l'épuiser et de l'absorber totalement. Peu importe l'approche, peu importe la méthode, peu importe la vision.

La pensée ou dimension mentale

```
            ┌─────────┐
       ┌───▶│  raison │◀───┐
       │    └────┬────┘    │
       │         ↕         │
┌──────────────┐  ┌──────────────┐  ┌──────────────┐
│  imagination │◀▶│   idées et   │◀▶│  conscience  │
│  (mémoire)   │  │   langage    │  │ (inconscient)│
└──────────────┘  └──────────────┘  └──────────────┘
       │         ↕         │
       │    ┌────┴────┐    │
┌──────────────┐      │    │
│ spiritualité │────▶│ volonté │◀───┘
└──────────────┘     └─────────┘
```

LA DIMENSION SOCIALE

La société, nous le savons aujourd'hui, est un phénomène très généralisé. Ce terme ne doit pas être réservé exclusivement à l'homme. En dehors des sociétés humaines, il y a des sociétés d'insectes, d'oiseaux, de poissons, de mammifères.

Dire que la société n'est pas une invention ou une création humaine nous permet de l'enraciner. Si l'homme descend du primate, la société humaine doit forcément venir de quelque part. On sait que la plupart des grands singes vivent en société, raison de plus pour regarder de ce côté. Aujourd'hui cela ne fait plus de doute : la société humaine descend de la société hominienne, laquelle descend elle-même d'une société primatique[60]. Cette révélation n'est pas

---

60. *Cf.* là-dessus le grand classique de Serge Moscovici, *La Société contre nature*, 1972. *Cf.* également l'ouvrage pionnier d'Edgar Morin, *Le Paradigme perdu : la nature humaine*, 1973.

surprenante, elle est tout simplement une des conséquences logiques de la théorie darwinienne de l'évolution. Si la vie a évolué, si l'homme a évolué, pourquoi en serait-il autrement des sociétés ?

Enraciner la société humaine, ce n'est pas la réduire aux sociétés animales. Malgré la filiation – et *à cause* de la filiation –, la différence entre les deux reste énorme. De même que l'homme est plus qu'un simple animal, la société humaine est plus qu'un simple regroupement. Avec l'homme, apparaît la culture, et la culture à elle seule vient ébranler toute tentative de comparaison.

L'homme a-t-il inventé la culture ou est-ce la culture qui a inventé l'homme ? On ne sait pas très bien qui vient en premier. Mais, quand on parle de société humaine, on fait toujours référence à la culture. La culture a transformé l'homme à un tel point qu'on a de la difficulté à admettre qu'il y a quelques millions d'années il n'était encore qu'un simple primate.

Avec la culture émergent les institutions, les croyances, les idéologies, les valeurs, l'art, la technologie, les loisirs, la civilisation. Nous allons voir qu'il est impossible de comprendre l'homme sans faire intervenir ces nouveaux déterminants. L'homme n'est pas seulement pensée et matière (corps et esprit), pensée et affectivité ; avec la dimension sociale c'est tout un environnement qui apparaît et qui vient enrichir son être, son existence, ses possibilités. Le passage de « l'hominité » à l'humanité ne s'est pas fait en un jour, mais, une fois accompli, c'est un monde nouveau qui s'est ouvert à l'homme. Ce monde fait de lui non seulement un être différent, mais un être à part vivant désormais dans un monde à part, un monde de culture, un monde de création, un monde humain.

APPARTENANCE ET COMMUNICATION

Nécessité de l'appartenance

On peut définir l'appartenance comme l'intégration d'un individu à un groupe. Le premier niveau d'appartenance est la famille. Après la famille viennent l'école et les premiers groupes d'amis, puis un peu plus tard, quand arrive l'adolescence, c'est l'intégration au «gang». Quand l'individu aura quitté l'école, il sera intégré au monde du travail, c'est-à-dire à un métier, un syndicat, une corporation. C'est habituellement l'époque où, s'il le veut, et toujours en fonction de ses intérêts, il peut adhérer à des associations passagères ou plus durables : groupes récréatifs, ligues, clubs, partis politiques.

L'appartenance au groupe permet l'identification de l'individu aux membres du groupe. L'individu trouve au sein du groupe des modèles de comportement, des habitudes, des attitudes, des idées, des valeurs auxquels il va s'identifier. L'identification se fait la plupart du temps par imitation (*mimésis*)[61], non par imitation pure et simple, mais par acquisition et appropriation des règles et des valeurs appartenant au groupe. On s'habille de la même manière, on adopte les mêmes «tics», on utilise les mêmes expressions, on agit et on pense de la même manière que les membres du groupe (famille, amis, gang, parti). Être, c'est d'abord faire comme autrui ; être, c'est d'abord s'identifier.

L'identification est importante car elle appelle la considération d'autrui. Vivre en société, c'est vivre constamment sous le regard d'autrui. La valeur que chacun s'attribue, en ce sens, n'est pas seulement personnelle, on a aussi besoin

---

61. *Cf.* Clifford T. Morgan, *Introduction à la psychologie*, 1976, p. 265-268.

des autres pour la valider. L'image de soi est liée à l'image que les autres nous renvoient de nous. Il y a détermination réciproque entre les deux, va-et-vient entre soi, c'est-à-dire sa propre perception et la perception d'autrui.

Rousseau voit dans le regard d'autrui une atteinte à l'intégrité et à l'authenticité de l'être (de la personne). Il interprète ce regard comme un écran qui déforme la propre perception qu'on peut avoir de soi[62]. Mais y a-t-il une perception de soi complètement indépendante du jugement des autres ? Ce qu'on appelle la personnalité, l'identité ou la spécificité de quelqu'un se construit, pas seulement, mais aussi à travers les multiples regards que les autres projettent sur soi[63]. On n'en sort pas : l'individu ne vit pas en vase clos, on n'est pas des Robinson Crusoé sur une île (lui-même empêtré dans ses préjugés sociaux et raciaux, ce que Rousseau, dans son aveuglement, n'a pas su voir). On est constamment sous les projecteurs d'autrui, et nous sommes peut-être plus étrangers à nous-mêmes que nous ne le croyons.

---

62. Jean-Jacques Rousseau, *Discours sur l'origine et les fondements de l'inégalité parmi les hommes*, 1971.
63. Citons dans ce sens Albert Jacquard : « La personne que je deviens n'est pas le résultat d'un cheminement interne solitaire ; elle n'a pu se construire qu'en étant au foyer du regard des autres. Non seulement cette personne est alimentée par tous les apports de ceux qui m'entourent, mais sa réalité essentielle est constituée par les échanges avec eux ; *je suis les liens que je tisse avec les autres* (Albert Jacquard et Huguette Planès, *Petite Philosophie à l'usage des non-philosophes*, 1997, p. 16). José Ortega y Gasset disait de lui, à quelque part, et nous citons de mémoire : *Je suis une partie de tout ce que j'ai rencontré*. Dans toute son œuvre, Lévinas a bien analysé cet événement extraordinaire qu'est la rencontre d'autrui, rencontre à la source et au fondement de la rencontre de soi. Voir, entre autres, Emmanuel Lévinas, *Totalité et infini : essai sur l'extériorité*, 1971, *Le Temps et l'autre*, 1983.

L'intégration est liée au besoin d'inclusion et de participation, besoin qui se fait déjà sentir chez l'enfant. Chaque individu ressent le besoin des autres, et le groupe ou l'appartenance est une manière de répondre à ce besoin. Le besoin d'intégration passe (doit passer) par l'identification à autrui, mais il ne se réduit pas (ne doit pas se réduire) à une identification servile (là où justement il y aurait perte d'identité et perte d'autonomie, d'où la méfiance et les craintes de Rousseau). L'intégration est un des modes de la sociabilité qui créent des liens entre les individus et, comme diraient les sociologues, qui « créent du social ». Ce besoin ne prend son véritable sens, inutile de le rappeler, qu'à travers des valeurs positives et constructives ; il se retourne en son contraire quand il vient à la rencontre de sentiments haineux ou de pulsions agressives.

(encadré, page 133)

L'IMPORTANCE DE LA CULTURE

On peut définir la culture (dans son sens fort) comme l'ensemble des règles, usages, savoirs pratiques et théoriques, croyances, normes et interdits propres à une société. La culture englobe les connaissances sur l'environnement, le climat, les saisons, les espèces vivantes; les règles et usages concernant la manière d'apprêter la nourriture, la manière de se vêtir, de se loger, de se soigner; les techniques de fabrication d'armes, d'outils, d'abris, d'artefacts; les impératifs et tabous propres à la société; les connaissances, croyances, mythes à travers lesquels elle se représente le monde, l'histoire, les autres sociétés[*]. Avec la culture, la société dispose de son propre principe d'organisation et de développement. Principe à partir duquel elle peut se reproduire (par la transmission des savoirs, savoir-faire, usages, normes, etc.), se régénérer (par les mythes, les croyances, les coutumes qui se perpétuent), se transformer (en intégrant de nouveaux savoirs, de nouvelles techniques, de nouvelles découvertes).

La culture est au centre de toutes les manifestations sociales. On doit la considérer d'ores et déjà comme tout à fait déterminante. En permettant la transmission et la capitalisation du savoir, elle donne un nouveau sens au terme « évolution ». Désormais l'être humain, contrairement aux autres espèces, n'aura plus à attendre passivement l'intervention du milieu (la sélection naturelle) pour évoluer. Grâce à la culture, il dispose d'une extraordinaire puissance d'invention et de création. C'est cette extraordinaire puissance de création qui lui permettra d'orienter lui-même son développement, faisant du devenir humain plus rien de comparable au devenir animal.

---

[*] Sur la notion de culture, voir Edgar Morin, *La Méthode*, tome 2, *La Vie de la vie*, 1980, p. 244-246; *Le Paradigme perdu : la nature humaine*, 1973, p. 181-189.

La communication, fondement de la société

Communiquer, c'est transmettre un message. L'École de Palo Alto, avec Gregory Bateson en tête, a su montrer avec beaucoup d'acuité l'importance de la communication au sein de la société. Toute action, tout comportement, toute prestation sociale s'inscrit nécessairement dans un réseau de communication ouvert et multifonctionnel.

Au sens étymologique, communiquer veut dire relier, mettre en commun. La communication comporte à la fois échange et transmission, message et signification. Ne réduisons surtout pas la communication à l'échange verbal. On communique par la parole, mais tout autant par le geste, le regard, la posture, l'utilisation qu'on fait de l'espace (ce dernier point – la manière d'utiliser et de concevoir l'espace – a été bien démontré par E.T. Hall[64]). La communication est un phénomène multidirectionnel qui utilise plusieurs registres (« canaux ») différents : la voix, la mimique, le corps, la distance.

La communication est-elle inhérente à l'être humain ? L'être humain est-il, comme le pensait Aristote, « un animal naturellement sociable » parce qu'il est raisonnable ? On peut penser que oui, même si le mot « naturellement » ici nous embête un peu.

La psychanalyse voit l'origine de la communication dans le désir et l'identification à autrui. Le désir ne se limite pas au désir sexuel mais englobe toutes les formes d'attirance (« d'aimance ») qui nous poussent instinctivement à rechercher autrui (mère, père, frère, ami-e). L'identification est le processus qui fait de l'objet aimé un modèle à suivre et à

---

64. Edward T. Hall, *La Dimension cachée*, 1971. Sur l'importance du « geste » comme moyen de communication, *cf.* Erving Goffman, *La Mise en scène de la vie quotidienne*, tome II, *Les Relations en public*, 1973.

imiter. Il devient comme une espèce d'idéal à atteindre, un « moi idéalisé ». Nous avons montré l'importance de l'identification comme condition d'intégration.

Le besoin d'aimer et de s'identifier est certes fondamental, mais il n'est pas premier. On doit chercher dans la communication une explication plus terre à terre : le besoin de communiquer est venu de la nécessité de se regrouper pour faire face aux dangers de l'environnement (intempéries, manques, attaques). La communication a d'abord été motivée par la survie individuelle, par le besoin d'informer, d'avertir, de se protéger. Le besoin psychologique (aimer et s'identifier) est venu bien après, le temps que la société s'organise et assure sa sécurité face aux menaces extérieures. D'ailleurs, même ici les psychanalystes n'ont pas totalement raison encore une fois. Une des conditions de la communication est la réciprocité : l'être humain a besoin d'aimer, *mais aussi d'être aimé*, c'est-à-dire d'être écouté, soutenu, compris. C'est plus qu'un besoin de reconnaissance, on parle ici d'un sentiment de confiance, d'une présence auprès de laquelle l'individu, à travers le malheur ou le bonheur, peut se réfugier pour se confier, échanger, partager. On pourrait relativiser la proposition et dire que l'individu est à la recherche de l'autre non pas toujours pour l'autre, mais également pour lui-même. Ce besoin affectif est aussi puissant que l'attirance dont parle la psychanalyse. La psychanalyse a une vision bornée de la communication, c'est son incapacité à regarder dans les deux sens qui la rend coupable de partialité.

On reconnaît la nécessité de communication dans l'absence de communication. Un enfant, par exemple, qui est incapable de communiquer avec son entourage peut développer des troubles psychiques importants et irréversibles (psychose infantile, autisme). On sait l'importance de la communication quand arrive l'adolescence, la « crise d'adolescence », comme cela a été montré[65], est en partie imputable à un problème de la sorte : blocage ou incapacité, chez l'adolescent, de communiquer de façon franche et directe avec ses proches (parents surtout). Les symptômes qui en découlent – isolement, mutisme, incompréhension, rébellion – sont assez représentatifs du malaise.

Plus l'individu vieillit, plus il contracte des engagements et plus il a besoin d'entrer en relation avec les autres. Comme le dit excellemment Martin Heidegger : la condition essentielle de l'homme est le *Mitsein* (l'être avec). On connaît aussi l'image de Sartre, « l'équipe », qui vient symboliser et illustrer ce besoin de fusion. Aujourd'hui, avec la mondialisation des échanges et l'éclatement des sociétés, la communication devient plus essentielle que jamais. On ne communique plus seulement entre proches, plus seulement entre membres d'un même groupe, plus seulement entre membres d'une même société ; la communication s'étend maintenant à l'échelle internationale et planétaire (via les voyages, le courrier, le commerce, la presse, les médias électroniques, l'informatique). Toujours plus vaste et toujours plus complexe, la communication s'universalise et devient toujours plus fondamentale.

On pourrait paraphraser Sartre et dire qu'être condamnés à être libres c'est être condamnés à communiquer. Aristote, encore une fois, avait donc raison : exister, c'est communiquer. La communication est omniprésente et c'est elle qui cimente la société. C'est elle qui rend possible la sociabilité en rendant possible l'intégration (l'appartenance). La communication est au fondement de la société et, si communiquer veut dire transmettre un message, on

---

65. Voir, entre autres, Erick H. Erikson, *Adolescence et crise. La quête de l'identité*, 1978.

doit concevoir la société comme un immense centre nerveux où des milliards de milliards de messages voyagent aller/retour entre des milliards de milliards d'émetteurs et de récepteurs. C'est ainsi que la société s'entretient et évolue.

LE POUVOIR D'ÉTAT

Avec les sociétés humaines, nous l'avons vu, apparaît la culture. La société, dès lors, acquiert son principe d'identité propre, principe générateur (informationnel) à la source des comportements, règles, normes, savoirs, savoir-faire, pratiques propres à la société. Par la culture, la société pour ainsi dire s'individualise, devient source d'appartenance et d'identification par laquelle l'individu est connu, reconnu. La culture crée plus qu'un lien communautaire/fraternitaire à l'égard du monde extérieur, elle crée une communauté/fraternité qui est la société elle-même, un socio-centrisme (un «pour-nous») qui pousse les individus (les membres de la société) à se vouer/dévouer pour la société. Principe d'identité commune et patrimoine générateur, la culture est ce qui distingue les sociétés entre elles, celles-ci se diversifiant par la langue, les coutumes, les croyances, les mythes, mais aussi par le type d'autorité qui y prédomine, qui peut être plus permissif ou plus prohibitif, plus souple ou plus rigide, matriarcal ou patriarcal, de type hiérarchique ou de type plus égalitaire.

L'émergence de la culture constitue une première révolution dans l'histoire des sociétés, celle du passage d'une société primatique à la société humaine, passage qui correspond à la transformation de la société hominienne en une société pleinement individualisée : la société archaïque. Ce passage s'est fait progressivement et l'on retrouverait chez les grands primates et les premiers hominiens des émergences protoculturelles, mais rien encore de ce qu'on retrouve dans les sociétés archaïques (ou pré-archaïques) et qui devient central au sein de ces sociétés.

Les sociétés archaïques ont pu vivre paisiblement pendant des dizaines de milliers d'années jusqu'à ce qu'une autre révolution importante s'accomplisse: le passage des sociétés archaïques aux sociétés historiques. Ce passage a pu (dû) se faire par guerres, alliances, conquêtes, assujettissement (formation de colonies), différenciations internes, accroissement démographique[66]. La nouvelle métamorphose amène une réorganisation de la société par la centralisation du pouvoir (économique, politique, culturel, mythologique, religieux) aux mains d'une nouvelle instance, l'État. L'État n'abolit pas les fondements antérieurs de la culture, mais les englobe et les dépasse dans un nouveau mode d'organisation sociale et hiérarchique.

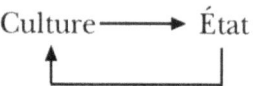

Le rôle de l'État est multiple, sa puissance est quasi illimitée et son pouvoir, parfois arbitraire, parfois légitime, devient invasif. Edgar Morin nous en parle:

> Depuis les empires antiques jusqu'aux nations modernes, l'État constitue l'appareil central de commande et de contrôle de la société. Son pouvoir est de connaissance, de décision, de domination, de répression. Il mémorise (archives), calcule, compute,

---

66. C'est du moins l'explication qu'en donne Edgar Morin. Cf. *La Méthode*, tome 5, *L'Humanité de l'humanité. L'identité humaine*, 2001, p. 163 et ss.

régit, décide, ordonne. Il dispose d'une administration qui centralise l'information et le savoir, établit les écritures, les archives, les instructions, effectue des prévisions et propose ses programmes. L'État produit son code, ses lois, ses décrets. Lois et décrets entrent dans le patrimoine culturel et prennent vertu générative. Aussi l'État est-il conservateur et producteur d'une générativité organisatrice[67].

L'omnipotence de l'appareil d'État au sein de la société amène une transformation de la culture dans laquelle l'État puise, se ressource, se régénère, se reproduit. L'État devient l'organe centralisateur du pouvoir, de l'administration, du gouvernement et du contrôle de la société : administration publique, politique, juridique, policière, l'État à la fois se ramifie et étend ses tentacules, cherchant à contrôler et à asservir toutes les sphères de la société à son pouvoir dominant et dominateur. La culture, dans ces conditions, se disperse, se dilue et tend de plus en plus à devenir diffuse, se retranchant dans la sphère privée, les arts, la littérature, la famille, l'éducation. Culture et État, sans se dissocier, tendent en même temps à se distinguer l'un de l'autre pour pouvoir s'autonomiser l'un l'autre. Mais les deux restent inséparables, travaillant souterrainement et souverainement l'un pour l'autre, s'influençant, se renforçant, s'alimentant mutuellement dans une drôle de mixture, une drôle de combinaison qui fait des sociétés/États des sociétés drôlement complexes.

Les sociétés modernes ont accentué tous ces traits qui étaient déjà à l'état naissant ou déjà émergents dans les premiers États qui se sont constitués sous forme d'États-cités (l'Athènes de Périclès) ou d'États impériaux (Empire chinois, Empire perse, Empire romain, Empire byzantin).

---

67. Edgar Morin, *ibid.*, p. 165.

L'État moderne, despotique ou démocratique, capitaliste ou socialiste, est devenu de plus en plus puissant, de plus en plus hiérarchisé, de plus en plus technicisé et bureaucratisé. Cet État peut envahir nos vies et les asservir. Il joue un rôle clé et oscille diversement entre le contrainte et la possibilité de liberté, entre l'assujettissement et l'émancipation, risquant à tout moment de sombrer dans l'un ou l'autre des extrêmes (danger d'anarchie ou danger du totalitarisme qui menace toutes les sociétés, socialistes, communistes ou capitalistes[68]).

L'État dominateur n'est pas seulement assujettisseur et asservisseur, il peut aussi être civilisateur et pacificateur. Dans une société démocratique, avec une forte et une longue tradition démocratique, l'État *habituellement* ne peut pas agir en despote et de façon arbitraire. Le pouvoir démocratique, c'est-à-dire le pouvoir élu, a toujours besoin de se justifier et de se rejustifier, de se confirmer et de se faire reconfirmer; il laisse place à la citoyenneté, à la remise en question, aux libertés et droits individuels. Il comporte les avantages du pluralisme, de la libre expression, de la liberté économique, civique, sociale, politique. Cela ne veut pas dire qu'il ne comporte pas de désordre, d'antagonismes, de rivalités, de conflits, de compétitions. Mais cela veut dire que l'État démocratique est capable de les contenir, de les contrôler, de les utiliser et de créer plus de complémentarités que d'antagonismes, plus d'ordre que de désordre, plus de consensus que de conflits, plus d'entraide que de rivalités, plus de collaboration que de compétitions. Mais il comporte un risque beaucoup plus grand encore, risque

---

68. Même les démocraties ne sont pas à l'abri de l'anarchie (ou des révolutions) et du totalitarisme : l'exemple de la république de Weimar qui, en quelques années, de démocratie est passée au nazisme et au totalitarisme !

qui menace présentement nos sociétés d'éclatement et de dislocation, *l'individualisme*.

Le développement de la complexité sociale va de pair avec le développement de la complexité individuelle. L'individu, dans nos sociétés (les sociétés occidentales), a de plus en plus de plages de liberté, il voit davantage son destin (son existence) comme un destin individuel, il est de moins en moins préoccupé par les «affaires publiques». Devant la complexité incroyable de l'appareil gouvernemental (l'État), il se sent de plus en plus impuissant. L'individu est de moins en moins capable de voir la société comme *sa société*, et s'en remet de plus en plus à l'État (État providence) pour tout ce qui ne touche pas à son existence privée. Mais ce comportement se paye par une perte des solidarités, par une détérioration du tissu social, par le repliement sur soi dans un égoïsme et un égocentrisme exacerbés qui apporteront avec eux de nouveaux manques et leur part de désillusion et de désenchantement (de cynisme) qu'aucune société n'avait connus auparavant. Ce n'est pas l'anarchie ou le totalitarisme présentement qui menace nos sociétés mais l'individualisme et le désengagement social qui risquent de compromettre non seulement l'unité sociale mais, danger plus grave encore, de remettre en question *l'idée même de démocratie*.

La technique comme possibilité de libération ou d'asservissement

Le développement des sociétés modernes a été rendu possible par le développement de l'individualisme, lequel a été rendu possible par le développement du capitalisme, lequel a été permis par le développement de l'industrialisation, lui-même inséparable du développement des techniques (techniques de fabrication d'outils, techniques de maîtrise et de domestication de l'énergie, techniques de production et de transformation de la matière). Les techniques, de rudimentaires, se sont perfectionnées et nous disposons maintenant de techniques de destruction et de mort capables d'un seul coup d'anéantir l'humanité et la planète tout entières.

Le développement accéléré et effréné des techniques de plus en plus puissantes nous place devant un nouveau danger : notre pouvoir technique est devenu un pouvoir de vie et de mort, un pouvoir d'anéantissement capable de nous détruire et de *tout* détruire. Nous disposons de moyens techniques démesurés (armes atomiques, armes nucléaires) par rapport aux conséquences qu'ils peuvent produire. Aurons-nous à faire face dans un avenir proche à un nouvel Hiroshima ? Sommes-nous en train d'organiser nous-mêmes notre propre mort collective ? Saurons-nous freiner à temps le développement des armes de mort et de destruction avant qu'il ne soit trop tard ? Avant qu'il ne reste plus rien, ni humanité, ni vie, ni milieu habitable ?

La technique, comme la langue d'Ésope, peut être utilisée pour le meilleur et pour le pire ; elle comporte autant de potentialités bénéfiques que de potentialités mortelles, autant de potentialités asservissantes que de potentialités d'émancipation. La question est celle-ci : Quelle sorte de société voulons-nous ? Quels sont les instruments techniques dont nous avons réellement besoin ? À quel moment faut-il arrêter le développement technique ? Doit-on interdire (c'est-à-dire empêcher) certaines expériences ou certaines recherches parce qu'elles peuvent se retourner contre nous (ce qui est vrai pour le nucléaire mais pas seulement pour le nucléaire, mais également pour plusieurs recherches qui se font présentement en ingénierie génétique – sur la possibilité du clonage humain par exemple –

et dans le domaine de la neurobiologie et des manipulations cérébrales[69]).

Les dangers de la technique sont bien réels et nous portent à réfléchir ; ils concernent les enjeux qui sont au cœur des débats sociaux, politiques et éthiques. C'est l'ensemble de la société, c'est-à-dire l'ensemble des individus (et pas seulement les gouvernements), qui est interpellé par ces questions de fond, et il n'est plus possible de les ignorer ou de faire comme si elles n'existaient pas.

Les dangers de la technique se situent également à un second niveau, à un niveau inférieur mais tout aussi pervers (parce qu'il est moins visible et plus sournois) pour l'individu et l'avenir des sociétés. Nos sociétés se fondent de plus en plus sur la technique (et sur le développement de la technique) pour le développement de l'industrie, le développement de l'économie et le développement du capitalisme. La logique de la machine artificielle, par l'entremise de la technologie, contrôle et envahit de plus en plus nos vies. Nous vivons de plus en plus dans un monde de machines, d'automates, d'instruments techniques, de « gadgets électroniques » (vidéos, téléviseurs, téléphones cellulaires, ordinateurs, etc.), un monde de plus en plus technicisé et technologisé.

Selon un principe bien connu, nous acquerrons toujours plus d'autonomie (de pensée, d'action, d'information), mais en même temps nous développons toujours plus de dépendance vis-à-vis de nos machines (comme l'ordinateur en particulier, et son prolongement, tout le réseau Internet) qui deviennent non seulement des instruments

---

69. Sur les dangers et les enjeux des manipulations génétiques en particulier, voir l'ouvrage incontournable de Jacques Testart, *Le Désir du gène*, 1994. Il y a de quoi, effectivement, être inquiets des nouveaux pouvoirs que l'homme a sur l'homme...

d'émancipation, mais de nouvelles *prothèses* dont nous sommes de moins en moins capables de nous passer. *Que perdons-nous en qualités, en aptitudes, en savoirs et en savoir-faire dans notre dépendance à la machine, dans notre soumission à la technique* ? La machine qui émancipe (en nous délivrant des tâches énergétiques pénibles, en améliorant nos capacités d'action) est aussi celle qui infantilise, asservit et abrutit quand c'est la machine qui fait tout, qui agit pour nous, qui pense pour nous, qui décide pour nous. C'est la même machine qui libère et aliène, multiplie les possibilités (d'action, de mémoire, de calcul, de réflexion) et les atrophie (quand elle se substitue à l'individu, à la mémoire, au calcul mental, à la réflexion), entraîne progrès et régression. La machine est-elle au service de l'homme ou est-ce l'homme qui est au service de la machine, tout en servant, à son insu, les intérêts de l'économie et de l'industrie capitaliste ?

Il est impossible de penser l'être humain sans penser la société, et impossible de penser les sociétés modernes sans penser aux pouvoirs extraordinaires et pourtant ambivalents de la technique. Saurons-nous trouver une façon harmonieuse de vivre avec les outils que nous avons nous-mêmes créés ? Est-il possible de vivre en symbiose avec nos machines ? Saurons-nous limiter et freiner (éliminer ?) le développement des techniques de mort et d'anéantissement ? Saurons-nous développer plus d'autonomie que de dépendance à l'égard de nos créations techniques, automates, orthèses, prothèses ? La question de la technique, comme la question de la démocratie, c'est la question du devenir de l'humanité. L'avenir est imprévisible et il peut être heureux ou funeste. L'humanité doit gagner en maturité si elle veut continuer à durer, qu'elle ne soit pas au moins l'agent de sa propre perte !

TRAVAIL, ÉCONOMIE ET LOISIRS

L'importance du travail

Communication appartenance, culture, État, voilà quatre grands piliers sur lesquels la société (*nos sociétés*) s'édifie. Comment concevoir la société sans appartenance (intégration), sans communication, sans culture ? Comment concevoir les sociétés modernes sans appareillage technique, sans hiérarchies, sans État ?

La question du travail se pose à peu près dans les mêmes termes. On peut difficilement imaginer une société où le travail serait complètement absent ou aboli. Une société de pur loisir nous semble un non-sens. Vivre en société implique que la collectivité prenne en charge un certain nombre de besoins auxquels elle doit répondre : alimentation, habillement, habitation, transport, éducation. Le travail, d'entrée de jeu, apparaît comme indispensable à la satisfaction de ces besoins et, par là, à l'existence de la vie collective.

Essentiel à la société, le travail est-il également essentiel à l'homme ? Nous dirons oui, mais dans un sens large où le travail ne se réduit pas à sa valeur marchande ou à sa valeur utilitaire comme dans toutes les visions économiques ou économistiques.

Dans ce sens élargi, le travail peut maintenant être envisagé comme essentiel à l'homme. Indispensable à l'homme, il vient l'enrichir et l'éduquer de multiples façons. En demandant effort, attention, méthode, il discipline l'homme et l'habitue à plus de rigueur. En l'obligeant à se prendre en mains, il l'amène à se responsabiliser, à développer le sens de l'organisation et le sens de l'autonomie.

Grâce au travail s'effectue tout un apprentissage qui amène l'homme à se réaliser sans cesse. À travers le travail, l'homme s'expérimente ; il apprend à mieux se connaître et à mieux connaître ses limites, il apprend à développer des habiletés nouvelles (manuelles ou intellectuelles), il apprend à se découvrir et à se dépasser. La valeur éducative du travail est incalculable. Dans certains cas (par exemple dans les métiers manuels), le travail peut même aller jusqu'à fixer les traits physiques d'un individu (muscles, taille, force, etc.).

On ne saurait surestimer l'importance du travail dans la construction de l'être humain. Dans le travail, tout ce qui est humain est mis à contribution : le corps (jambes, bras, organes, mains), les qualités physiques (adresse, force, précision, coordination), l'intelligence, le caractère, la volonté, l'affectivité. Médiateur, le travail réalise l'unité du corps et de l'esprit, l'unité de la pensée et de l'action. À travers le travail, comme l'avait vu Karl Marx, l'homme se crée lui-même tout en créant une œuvre. Il dit : « C'est précisément dans le fait d'élaborer le monde objectif que l'homme commence donc à faire réellement ses preuves d'*être générique*. Cette production est sa vie générique active. Grâce à cette production, la nature apparaît comme *son* œuvre et sa réalité. L'objet du travail est donc *l'objectivation de la vie générique de l'homme* : car celui-ci ne se double pas lui-même d'une façon seulement intellectuelle, comme c'est le cas dans la conscience, mais *activement, réellement* (nous soulignons), et il se contemple donc lui-même dans un monde qu'il a créé[70]. »

Le travail, selon Marx, est aussi un puissant facteur de médiation et d'intégration sociale. Grâce au travail, l'individu instaure des liens de réciprocité et de solidarité avec ses semblables. En créant, il entre en relation avec les autres, s'ouvre à de nouvelles préoccupations et à de

---

70. Karl Marx, *Manuscrits de 1844*, 1969, p. 64.

nouvelles idées, crée des liens d'amitié et de solidarité, et, par son activité, participe à l'édification sociale. Le travail qu'il fournit représente sa part de service qui vient compenser les bienfaits qu'il reçoit de la vie en société. C'est comme un échange où les deux, l'individu et la collectivité, se rendent utiles l'un à l'autre.

Le travail est un phénomène multidimensionnel. Outil de valorisation et de développement, de réalisation de soi, de création de soi, médiateur entre soi et les autres, entre l'homme et la société, entre l'homme et la matière (« la nature »), le travail agit sur toutes les dimensions de l'être humain. Certains vont même jusqu'à proclamer que « sans travail, nous ne sommes rien ». C'est exagéré, mais c'est en même temps montrer l'importance du travail dans la définition de l'être humain.

On comprend maintenant pourquoi tant de gens voient leur travail comme un labeur ou un simple gagne-pain : c'est qu'ils le voient (et il l'est malheureusement souvent) comme quelque chose de pénible, de répétitif, de fastidieux, quelque chose d'étranger à eux-mêmes et ne leur appartenant pas. Seul un travail libre et créatif (c'est-à-dire non contraint) peut donner/redonner sa valeur au travail. Seul un travail valorisant et stimulant peut rendre le travail formateur et « civilisateur ». Le travail est à repenser, à requestionner, à re-problématiser. La désappropriation du travail, dans les sociétés capitalistes, doit passer par sa réappropriation[71]. Il ne faut pas abolir le travail, il faut l'humaniser ; l'homme ne doit pas être au service du travail, c'est le travail, au contraire, qui doit être au service de l'homme. Ici encore, les pôles doivent être renversés.

---

71. Ici, sans aller plus à fond, nous ne pouvons que renvoyer le lecteur aux pages immortelles des *Manuscrits de 1844*, 1969.

La dimension économique

Marx plaçait le travail au fondement de l'économie, et l'économie au fondement des sociétés. L'infrastructure économique (modes de production, types de propriété des moyens de production, rapports sociaux de production), selon lui, détermine la superstructure sociale (l'ensemble de l'organisation juridique, politique et idéologique propre à la société). En d'autres mots, l'organisation économique, c'est-à-dire l'organisation matérielle du travail, constitue la base sur laquelle s'édifie l'ensemble du système social. La conscience de l'homme, dans ces conditions, ne peut que refléter ses activités, ses conditions de vie, l'homme n'étant rien de plus que le produit d'une société donnée, appartenant à une époque donnée, un sous-produit de l'histoire dont l'être ou l'essence (manière d'agir et manière de penser) est déterminé par la place qu'il occupe dans la société et dans l'économie[72].

---

72. « La façon dont les individus manifestent leur vie reflète très exactement ce qu'ils sont. Ce qu'ils sont coïncide donc avec leur production, aussi bien avec *ce qu'*ils produisent qu'avec la façon *dont* ils le produisent. Ce que sont les individus dépend donc des conditions matérielles de leur production »(Karl Marx et Friedrich Engels, *L'Idéologie allemande*, 1982, p. 71). Et ailleurs : « [...] Dans la production sociale de leur existence, les hommes entrent en des rapports déterminés, nécessaires, indépendants de leur volonté, rapports de production qui correspondent à un degré de développement déterminé de leurs forces productives matérielles. L'ensemble de ces rapports de production constitue la structure économique de la société, la base concrète sur laquelle s'élève une superstructure juridique et politique et à laquelle correspondent des formes de conscience sociale déterminée. *Le mode de production de la vie matérielle conditionne le processus de vie social, politique et intellectuel en général* (c'est nous qui soulignons). Ce n'est pas la conscience des hommes qui détermine leur être ; c'est inversement leur être social qui détermine leur conscience » (Préface à la *Contribution à la critique de l'économie politique*, 1977, p. 2-3). Pour un bon exposé des thèses de Karl Marx et du matérialisme historique, nous renvoyons à Henri Lefebvre, *Pour connaître la pensée de Karl Marx*, 1966 ; N. Boukharine, *La Théorie du matérialisme historique. Manuel populaire de sociologie marxiste*, 1969.

Marx avait-il raison d'accorder autant d'importance à l'économie ? Il serait difficile de dire qu'il avait tort alors qu'on parle de plus en plus aujourd'hui d'ouverture des marchés, de « libre échange » et de mondialisation de l'économie. L'économie est dans tous les discours, politiques ou idéologiques, syndicaux ou patronaux ; elle est au centre de tous les débats, au cœur de toutes les discussions, c'est le maître-mot qui revient partout, si bien qu'on ne peut pratiquement plus parler de société (ou de l'être humain) sans parler d'économie. C'est une dimension fondamentale de l'être humain qu'il ne faut surtout pas rabaisser ou sous-estimer, comme il ne faut pas non plus rabaisser ou sous-estimer le travail comme dimension fondamentale (les deux étant liés inextricablement).

Homo faber a créé *homo oeconomicus*, et *homo oeconomicus* a complètement transformé, révolutionné les sociétés depuis deux siècles (depuis la fameuse « Révolution industrielle »), détruisant les civilisations rurales, les cultures paysannes, ruinant des savoir-faire artisanaux et des traditions séculaires. L'économie a changé nos modes de vie, elle a amélioré notre niveau de vie mais elle a profondément altéré notre milieu de vie (bouleversant des habitudes ancestrales, créant de gigantesques mégalopoles, détruisant la biosphère, accentuant les inégalités entre riches et pauvres, entre pays riches et pays pauvres, entre pays industrialisés et pays en développement). L'économie mondialisée a bouleversé les sociétés et bouleversé les mentalités, imposant une logique du profit, une tyrannie de l'argent, une *marchandisation* de toutes choses (jusqu'au trafic d'organes et à la vente d'enfants dans certains pays) qui a entraîné l'érosion des valeurs en brisant les solidarités, les échanges de services, tuant l'entraide, la mutualité, la convivialité.

Marx n'avait pas tort de situer la sphère économique au cœur de l'être humain et au cœur des sociétés. Son rôle capital a bouleversé les sociétés dans leur ensemble, transformé notre propre rapport à soi, transformé notre rapport aux autres, notre rapport à la société, notre rapport à l'environnement. Mais l'économie n'agit jamais seule et Marx a tendance parfois à l'oublier. L'économie n'est pas une entité close, elle n'est pas indépendante d'autres instances qui sont elles-mêmes dépendantes les unes des autres et qui sont dépendantes de l'économie. Comment penser l'économie sans penser à ses bases sociales, culturelles et politiques dont l'économie n'est qu'un maillon, un maillon certes important, mais un maillon qu'on ne peut détacher des autres? Marx a surestimé les facteurs économiques dans sa conception de l'homme et sa conception de la société; du coup, il s'est fait une vision simplifiée de la société et une vision simplifiée de l'homme. Sa conception était noble, son but était légitime (libérer l'être humain des diverses aliénations qui lui enlèvent sa liberté et sa dignité, promouvoir l'égalité et lutter contre l'exploitation économique et capitaliste qui s'est imposée de façon «sauvage» au XIXe siècle, dans un univers éclaté, fragmenté, et dans des conditions de misère presque généralisées), mais sa conception, complexe et même hypercomplexe, manquait encore de complexité.

Il faut inscrire l'économique dans un réseau de relations et d'interférences qu'il est impossible de comprendre si l'on fait abstraction ou si l'on isole une seule instance ou une seule dimension.

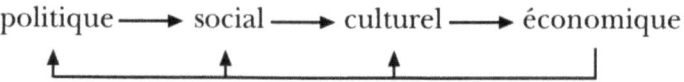

La société qui s'enferme dans l'économique devient aveugle et incapable de comprendre l'économique lui-même. Il faut penser la société, l'économie et le travail globalement. Nous vivons dans des sociétés culturelles, politiques, économiques et, ajouterions-nous, des sociétés de plus en plus techniques et technologiques. Une vision seulement économique de la société ne conduit pas seulement à une dégradation de la biosphère, mais également à une dégradation de la psychosphère et de la sociosphère, engendrant partout la misère, la pauvreté (qui rejaillissent sur les pays du « tiers monde » qu'on exploite et qu'on pille outrageusement depuis des siècles), le chômage, la frustration, les injustices, les inégalités.

Les loisirs, le grand « oublié »

Ce petit détour par l'économie nous a montré l'importance du travail, non seulement chez l'être humain, mais aussi dans les sociétés. Il nous a permis de relier le travail à l'économie, non pas à une économie fermée, mais à une économie ouverte et reliée à d'autres instances (sociale, culturelle, politique) qui l'élargissent et la fondent, en l'intégrant dans un ensemble d'institutions plus vaste et plus cohérent.

Mais vivre en société n'est pas seulement travailler, c'est y insérer une existence quotidienne. C'est parce que le travail n'accapare pas tout l'individu qu'il y a place pour du temps libre. Ce temps libre permet le repos, le relâchement en même temps que la récupération nécessaire à tout travail.

Ces périodes de repos, de détente ou d'activité souple, nous les appellerons loisirs. *Le loisir est un temps dont on peut disposer librement en dehors des occupations et contraintes habituelles* (*cf. Le Petit Robert 1*[73]). On peut en disposer librement en se reposant, en écoutant de la musique, en jouant aux cartes, en lisant, en misant, en marchant, en bricolant. Il y a tout un éventail de loisirs qui vient meubler nos temps libres. Il est impossible d'en faire la nomenclature ; tout au plus peut-on les classer par catégories : sports, jeux, « collections », fêtes, lectures, détente, arts, sorties, voyages... la liste des catégories elle-même ne pouvant jamais être exhaustive.

Les loisirs ont existé de tout temps. Ce n'est pas nous qui les avons inventés. La fête, les distractions, le jeu existaient déjà dans les sociétés archaïques. Dès le moment où l'homme a pu bénéficier d'un minimum de temps libre, de temps pour soi, les loisirs sont apparus. Loisirs et distractions sont un besoin profond et très primitif. Il ne s'agit pas d'une invention moderne. Les conditions de vie moderne, loin d'en être à l'origine, n'ont fait que rendre ce besoin plus criant et plus problématique. *Homo festivus*, sachons-le, est né bien avant *homo modernus* !

Comment expliquer maintenant ce besoin, comment en dégager les motivations profondes ? Les motivations sont diverses. Certaines sont plus générales, d'autres sont plus

---

73. Dumazedier en donne une définition plus complète mais pas différente de la nôtre : « Le loisir est un ensemble d'occupations auxquelles l'individu peut s'adonner de son plein gré, soit pour se délasser, soit pour se divertir, soit pour développer sa participation volontaire, ses informations ou sa culture, après s'être libéré de toutes ses obligations professionnelles, familiales ou autres » (cité par Georges Magnane dans *Sociologie du sport*, 1964, p. 50). Et Paul Yonnet : « [...] Le loisir est une quantité de temps libre, affranchi des exigences du temps obligé (celui du travail professionnel ou scolaire et des astreintes qui s'y attachent : transport, etc.) et du temps contraint (celui des obligations sociales, administratives, familiales et domestiques). Le loisir ne définit *a priori* aucun contenu d'activité, seule le caractérise sa forme libératoire ; il se présente comme un pur contenant, une enveloppe de temps libéré, le loisir ne définit rien qu'un vide » (Paul Yonnet, *Jeux, modes et masses. La société française et le moderne 1945-1985*, 1985, p. 64-65).

particulières à un contexte, d'autres enfin sont des motivations personnelles. Il est difficile de démêler tout cela car très souvent les motivations sont confondues et l'individu lui-même serait incapable de les distinguer clairement. Les loisirs aux tout débuts ont servi à la détente et à la récupération physique. Mais le besoin est vite devenu un besoin plus fort, plus profond, un besoin psychologique. *L'explication la plus générale, sans l'ombre d'un doute, est le besoin d'évasion.* Les soucis et les obligations quotidiennes accaparent l'individu jusqu'à l'épuiser moralement. Il a donc besoin de s'évader, c'est-à-dire de se distraire et d'oublier, au moins pour quelques instants, les dures nécessités de l'existence. Oublier le travail, l'usine, la famille, le bureau, donner congé à ses problèmes, ses angoisses, ses interrogations. L'évasion est bien cet exutoire que Pascal a si bien décrit et qu'il a appelé le *divertissement*. S'oublier soi-même, briser la routine, échapper aux contraintes quotidiennes pour pouvoir les rendre supportables, voilà pourquoi on a besoin de se distraire et de se divertir.

Cette motivation explique bien des comportements qu'on ne saurait expliquer autrement. Évasion : les voyages sont à la fois dépaysement et évasion. Dans le voyage, le besoin psychologique est si fort qu'il ne peut se réaliser que par le déracinement physique, que par le changement de lieu et de rythme.

Les jeux, le cinéma, la lecture, les arts, tout ceci est évasion. Que sont les sorties, les fêtes, le repos, sinon une pause et un répit. Comme dit Jean Cazeneuve : « Tout se passe comme si nous ne pouvions nous accepter nous-mêmes dans notre existence quotidienne et monotone qu'à la condition d'en briser parfois le rythme[74]. » En même temps qu'ils occupent nos temps libres, les loisirs nous permettent

---

74. Jean Cazeneuve, *La Vie dans la société moderne*, 1982, p. 47.

d'oublier et de mieux supporter les aléas et les duretés de l'existence. Ils sont comme un entracte, une récompense qu'on s'octroie avant d'aller plus loin.

Mais le besoin d'évasion n'explique pas tout. Il n'explique pas la multitude de loisirs que nous offrent les sociétés modernes, où le loisir peut être à la fois détente, distraction, création, jeu, plaisir, rêve, délassement, divertissement, développement (les trois «D» de Joffre Dumazedier qui correspondent, selon lui, aux trois grandes fonctions du loisir[75]). Il y a mille et une raisons entremêlées, confondues, latentes, conscientes, inconscientes qui font de nos loisirs quelque chose de hautement fonctionnel. Le besoin d'évasion est premier, mais les loisirs ne se réduisent pas à cet unique besoin.

Il ne faut surtout pas faire l'erreur (intellectualiste) de ne voir dans les loisirs que futilité et banalité. Les loisirs répondent à un besoin humain fondamental : rééquilibrer l'individu, le sortir du train-train quotidien, lui donner la chance, au moins pour quelques instants, de s'occuper de lui. Outre leur caractère fonctionnel (plus psychologique), les loisirs – et c'est souvent passé sous silence – jouent également un rôle important d'intégration sociale[76].

Difficile de comprendre pourquoi le loisir est le grand absent de toutes les conceptions de l'être humain. L'a-t-on méprisé parce qu'il était trop terre à terre, parce qu'il était accessible à tous, c'est-à-dire trop «démocratique»? Il faut désormais faire de la place au loisir comme on a fait de la place aux autres dimensions (travail, économie, appartenance, culture, etc.). Une véritable conception de l'être humain ne doit souffrir d'aucune réduction. L'être humain et

---

75. *Cf.* Joffre Dumazedier, *Vers une civilisation du loisir?*, 1962, p. 26-28.
76. *Cf. ibid.*, p. 83 et ss.

la société forment un tout dont chaque pièce, quoiqu'elle peut être permutable, est cependant irremplaçable. C'est ce tout qu'il faut comprendre et qui est toujours bêtement occulté dans les visions réductionnistes.

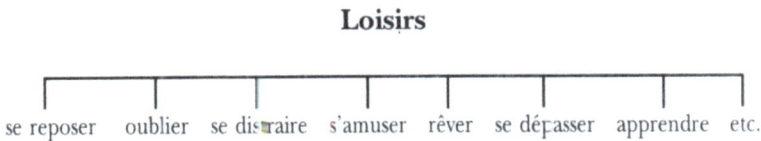

CROYANCES, SENS ET IDÉOLOGIES

Croyances et idéologies

Communiquer, s'intégrer, vivre en société, travailler, consommer, se distraire. Il manque encore quelque chose : croire, le besoin de croire. Le besoin de croire est lié au questionnement et il s'enracine au plus profond de l'être humain comme au plus profond des sociétés.

La pensée est réflexion et interrogation, étonnement devant ce qui l'entoure : d'où vient l'univers, d'où vient la vie, d'où vient l'homme ? Pourquoi y a-t-il la naissance, la souffrance, la maladie ? Pourquoi faut-il vivre, pourquoi faut-il mourir ? Voilà quelques-unes des interrogations qui la (nous) tiraillent et la (nous) troublent sans cesse. Si l'interrogation reste en suspens, c'est l'incertitude et le sentiment d'angoisse qui en découlent.

Le fondement de la croyance serait lié au besoin de certitude et de sécurité mentale[77]. Il y a nécessité de donner une réponse à nos craintes, à nos hantises, à nos désirs, nos peurs, nos questionnements. Nous voulons savoir pourquoi le monde existe, pourquoi nous existons, nous voulons savoir pourquoi il y a la maladie, la souffrance, la mort. On veut croire parce qu'on veut pouvoir donner un sens à l'existence, un sens à nos actions et un sens à ce qui nous entoure[78]. Si tout est absurde, à quoi se raccrocher et, surtout, que peut-on espérer ?

On ne doit pas chercher ailleurs la source des grandes idéologies, des mythes, religions, systèmes philosophiques, doctrines. À sa façon, chacune de ces idéologies répond aux mêmes interrogations fondamentales : d'où viens-je, que dois-je faire, que dois-je espérer ? Ce sont des modèles d'explication et d'action qui cherchent à refermer la brèche ouverte par la pensée. Ils racontent la création de l'univers, ils disent ce qui est bien, ce qui est mal, expliquent la naissance, la souffrance, la maladie, la mort. Ils expliquent la société et la signification de chaque chose : le mariage, le travail, les coutumes, les traditions, les rites, les prières. Mélangeant connaissances et valeurs, ils ont un aspect à la fois

---

77. « Eh quoi ? notre besoin de connaître n'est-il pas justement notre besoin de familier ? le désir de trouver, parmi tout ce qui nous est étranger, inhabituel, énigmatique, quelque chose qui ne nous inquiète plus ? Ne serait-ce pas l'instinct de la peur qui nous commanderait de connaître ? Le ravissement qui accompagne l'acquisition de la connaissance ne serait-il pas la volupté de la sécurité retrouvée ?... (Friedrich Nietzsche, *Le Gai savoir*, 1950, p. 310). « Toutes les actions et toutes les imaginations humaines cherchent à apaiser les besoins des hommes et à calmer leurs douleurs. Refuser cette évidence, c'est s'interdire de comprendre la vie de l'esprit et son progrès » (Albert Einstein, *Comment je vois le monde*, 1979, p. 16).
78. La question du sens, qu'on ne peut aborder ici de front, est reprise un peu plus loin.

explicatif et normatif. Ils disent quoi faire, pourquoi le faire et comment le faire. Ces modèles ont réponse à tout[79]. Médiateurs entre l'esprit et le monde, ils réalisent un compromis entre les deux. Comme dit Edgar Morin : « [...] L'idéologie sert à appréhender le réel en même temps qu'à s'en protéger[80]. » Et ailleurs, un peu ironiquement : « [...] Le genre humain ne peut supporter trop de réalité[81]. » Ceux qui adhèrent à l'idéologie possèdent (croient posséder) la vérité, ils maîtrisent l'univers et l'action, ils jouissent d'être dépositaires du savoir. Ceux-là sont prêts à vivre et à mourir pour leurs idées.

Le besoin de croire est relié au besoin de savoir, lui-même relié au besoin de survivre et d'espérer. Les idéologies sécurisent face à la vie, face à l'action, face à la mort, face à l'au-delà. Elles nous confortent et nous réconfortent en se faisant l'écho de nos craintes et de nos désirs inconscients.

Le besoin de croire n'est peut-être pas né avec les sociétés (comment savoir ?), mais c'est avec elles et en elles qu'il a su prospérer. Impossible de l'isoler des sociétés sans briser le lien qui cimente les sociétés. Dans un monde éclaté comme le nôtre, où le *sens* est de plus en plus incertain, les gens sont désorientés et on sent de plus en plus ce besoin de réconfort et de certitude. Plus qu'un besoin psychologique, c'est aussi quelque chose de profondément affectif. Le combler, alors, devient une question d'équilibre et de santé mentale.

---

79. Petite nuance peut-être pour certains systèmes philosophiques qui ont su justement s'immuniser contre cette prétention à tout expliquer et à tout régenter.
80. Edgar Morin, *La Méthode*, tome 4, *Les Idées. Leur habitat, leur vie, leurs mœurs, leur organisation*, 1991, p. 146.
81. Edgar Morin, *Le Paradigme perdu : la nature humaine*, 1973, p. 161.

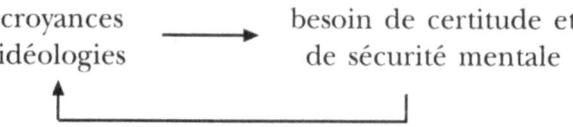

Croyance(s) et certitude

Il faut distinguer entre croyance et certitude. La croyance est ce qu'on pense vrai sans en avoir la certitude. On pense par exemple que Dieu existe, qu'il y a une vie après la mort, que ceux qui auront bien agi sur terre seront récompensés. Une croyance n'est pas quelque chose de prouvé, mais quelque chose *de ressenti comme vrai*, auquel on adhère et qui paraît souvent plus fort que n'importe quelle certitude.

La croyance est un sentiment alors que la certitude est un fait. La certitude, c'est ce qui a été démontré à partir de preuves – observations, vérifications, expériences –, ce qui a été établi de façon sûre et indubitable : par exemple que la Terre est ronde, que les humains sont mortels, que tout ce qui existe est composé d'atomes, que l'univers comporte plusieurs galaxies, etc. La certitude, c'est quelque chose de rationnel, un fait, une affirmation sur laquelle on peut baser son jugement sans risquer de se tromper.

Croyance et certitude appartiennent à deux mondes distincts, et peuvent se comporter de façon tout aussi distincte. Alors que la certitude laisse habituellement indifférent (neutre) celui qui la possède, la croyance, elle, peut asservir son auteur et finir par l'instrumentaliser. La croyance qui acquiert entière souveraineté devient vérité sacrée et intouchable, vérité qu'il faut défendre et protéger à tout prix, et qui peut devenir cruelle, sauvage, barbare.

On retrouve ici encore une fois le caractère ambivalent des idées: les idées peuvent nous servir mais aussi nous asservir; nous possédons les idées mais nous pouvons aussi en être possédés. Dans l'exemple de la croyance, on voit clairement comment l'idée peut parasiter l'esprit jusqu'à le rendre complètement débile. On le voit chez les illuminés, on le voit chez les intégristes bornés et chez tous ceux qui sont aveuglés et subjugués par leurs idées. Croyance au communisme, croyance au nazisme, croyance à l'Islam, croyance au judaïsme, au catholicisme, au protestantisme, croyance plus sûre que toute certitude, plus vraie que toute vérité, la croyance engendre les pires conflits et les plus grands massacres, tueries, génocides, guerres. On est prêt à vivre et à souffrir, à tuer et à mourir pour ses croyances.

C'est son caractère *profondément affectif* qui rend la croyance si dangereuse. Réponse à tout, la croyance est apaisante, sécurisante, réconfortante, euphorisante. La croyance est une réponse à l'existence, à la vie, à l'action, à la mort, à l'au-delà. La croyance vient combler le besoin de certitude et l'apaiser; en jugulant l'angoisse, elle vient fermer la brèche ouverte par la pensée. Elle peut être positive, mais plus souvent elle dégénère en dogmatisme et en idolâtrie.

Il n'y a qu'un seul remède contre les excès de la croyance: *la lucidité*. Les croyances peuvent se discuter (doivent se discuter), mais on ne doit pas mélanger les sentiments et les idées. La lucidité nous rappelle de garder l'esprit ouvert et d'éviter de projeter nos désirs dans la réalité. Le besoin de croire doit rester un stimulant pour la connaissance, il ne doit pas s'aliéner à une idéologie (une doctrine) ou à système de pensée. Il doit surtout, et là c'est important, il doit surtout éviter le dogmatisme et l'étroitesse d'esprit qui mènent toujours aux affrontements et au fanatisme.

Les croyances et la question du sens

Quand on touche au problème des croyances, on s'introduit dans ce qu'il y a de plus intime chez l'être humain et de plus profondément enraciné : la question du sens. La croyance est d'abord la réponse à un besoin psychologique et rationnel de s'expliquer la réalité, question de se sécuriser mentalement et psychologiquement devant l'inconnu, devant ce qui fait peur, devant ce qui, à première vue, nous paraît étranger ou incompréhensible. Mais ce besoin ne vient pas seul. La croyance est tout à la fois la réponse à ce besoin de comprendre, de contrôler, de pouvoir agir sur la réalité (réalité incluant nous-même) et la réponse à un besoin existentiel plus profond, celui de donner un *sens* à la réalité pour pouvoir donner un sens à l'existence.

La question du sens se pose aujourd'hui de façon radicale[82] car nous vivons dans des sociétés éclatées, divisées, des sociétés de plus en plus anonymes où le travail et la consommation prennent toute (ou presque toute) la place, laissant peu (ou plus) de temps pour la réflexion, le questionnement, la communication, l'affectivité, l'amour, l'amitié. Nos besoins primaires satisfaits, nous ignorons souvent pourquoi nous vivons. Les moyens sont présents (bien-être matériel, argent, confort, etc.), mais le but est absent ; les valeurs instrumentales ne s'accrochent pas à des valeurs intrinsèques. L'éclatement des valeurs (la pluralité du sens) nous pousse à chercher des réponses superficielles à nos

---

82. En fait, elle s'est toujours posée de façon radicale, même par le passé. La chute et l'échec des grandes idéologies (religions, communisme, socialisme, fascisme), la poussée de l'individualisme contemporain, les moyens de destruction et de mort dont nous disposons (bombes, armes atomiques, armes nucléaires) sont tous des facteurs qui contribuent à aggraver la crise et à rendre la recherche du sens de plus en plus erratique et problématique.

souffrances et à notre désarroi; il entraîne un vide existentiel, un « mal de vivre », lequel conduit souvent à la démission, au cynisme ou au défaitisme.

La question du sens soulève la question des valeurs, des valeurs à privilégier et à sauvegarder, des *valeurs véritables* qu'il nous faut défendre, protéger, inventer, réinventer. Elle doit nous ouvrir à des perspectives plus larges, à des nouvelles formes de transcendance, à des nouveaux modes d'agir et des nouveaux modes de penser. C'est le défi qui nous attend si nous voulons passer à travers le XXIe siècle et le nouveau millénaire. Sinon?

Les valeurs

Avec ce terme, on pourrait pratiquement englober tout ce qui a été dit précédemment. Valeurs: c'est ce qui vaut, c'est ce qui est important, c'est ce qui est digne d'estime, c'est ce qui est recherché. Est valeur, comme disait St-Éxupéry, tout ce qui rentre comme « matériaux » dans la construction d'un être humain.

L'éducation joue un rôle déterminant dans la transmission des valeurs. C'est d'abord au sein de la famille que les valeurs sont apprises; ensuite, c'est l'école qui prend la relève et qui continue le travail d'enculturation. L'intégration au marché du travail présuppose déjà l'intériorisation et l'acceptation (au moins tacite) des valeurs reconnues par la société. Une fois adulte, l'individu peut toujours les remettre en question, mais il ne pourra jamais s'agir d'un retournement complet. Nier complètement ses valeurs serait se nier complètement soi-même. Ce serait se faire hara-kiri.

Il est impossible de vivre sans valeurs. Vivre en société, c'est baigner dans un système de valeurs. Les valeurs sont au fondement de l'être humain et de la vie collective.

Tout au long de ce travail, nous avons parlé des valeurs utiles à la construction d'un être humain. Nous avons parlé de valeurs reliées au corps (comme le corps lui-même, comme la santé, comme l'activité), reliées à l'affectivité (les grands sentiments et les grandes passions), reliées à la pensée (le savoir, l'imagination, la connaissance, la créativité, la spiritualité), reliées à la vie en société (la famille, les amis, le travail, la culture, les croyances, les loisirs). Dans la partie qui suit, nous traiterons des valeurs concernant le bien et le mal, les valeurs morales. S'il n'y a pas de société sans valeurs, il n'y a pas de société, à plus forte raison, sans morale. La dimension morale, dans ce sens, sera envisagée comme une des conditions (une sous-dimension) de la vie en société.

La société ou dimension sociale

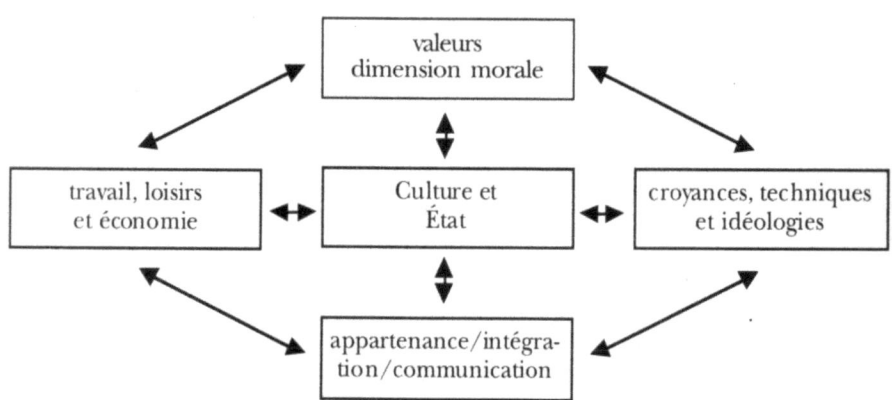

LA DIMENSION MORALE

Morale et éthique

Il y a une telle ambiguïté entre les termes morale et éthique qu'on a bien de la difficulté à les distinguer clairement. Dans le langage populaire, comme dans le vocabulaire philosophique, leur signification semble aller au gré de l'utilisateur. Ce qui est morale pour l'un est éthique pour l'autre et vice versa, on joue constamment au yo-yo avec ces notions.

Ce n'est pas l'étymologie qui nous en dit plus long sur ces termes. Les deux ont la même étymologie, à la différence près que l'une est d'origine grecque et l'autre d'origine latine. Éthique est tiré du grec *ethos* qui veut dire mœurs, comportements, façons d'agir. Morale, lui, renvoie à *mores*... lequel serait la traduction latine d'*ethos*. On tourne en rond.

Même si la distinction n'est pas claire, elle existe. Cette distinction réside non pas dans l'objet mais dans l'approche que chacune préconise. Elle n'est pas de nature ontologique, c'est une distinction purement fonctionnelle, une distinction d'ordre méthodologique.

La morale est prescriptive, l'éthique est évaluative. Alors que la morale est habituellement contraignante et autoritaire, l'éthique est beaucoup plus souple que la morale. L'appel à la morale renvoie bien souvent à la morale chrétienne et à l'idée de contrôle social (d'où les expressions «moraliser», «moralisateur», «faire la morale»). L'éthique a une acception plus neutre; le terme n'a pas le sens péjoratif qu'on attribue habituellement à la morale.

L'éthique se situerait à un deuxième niveau : elle consisterait dans un discours second, dans une réflexion critique portant sur la morale et ses fondements[83]. Par rapport à la morale traditionnelle, qui serait une « morale close », on peut concevoir l'éthique comme une « morale ouverte » pour reprendre une distinction de Bergson[84].

Morale et éthique : les deux sont à la fois nécessaires et complémentaires. On a besoin de morale car une société ne peut exister sans interdits. Les deux interdits fondateurs, l'interdiction de tuer et l'interdiction de l'inceste, permettent à l'humanité de se protéger contre elle-même et contre ses propres excès. La morale est un rempart contre la violence et les pulsions malsaines qui sommeillent en chacun de nous. C'est par le biais de l'interdiction que les individus peuvent se reconnaître mutuellement des droits. L'interdiction morale appelle à la responsabilité de tous en même temps qu'à la responsabilité de chacun. C'est le chemin obligé vers l'autre qui permet à tous les êtres humains de se reconnaître comme égaux et membres à part entière de la société.

Laissé à lui-même, l'homme serait resté un vulgaire animal à peine supérieur aux primates. C'est la morale qui l'a civilisé et humanisé ; la morale est un agent important de transformation comme l'a bien vu Foucault : « [...] L'individu, au contact de la valeur, de la règle, de l'interdit, agit sur lui-même, entreprend de se connaître, se contrôle, s'éprouve, se perfectionne, se transforme[85]. »

---

83. Pour la distinction entre morale et éthique, voir Pierre Fortin, *La Morale, L'Éthique, L'Éthicologie. Une triple façon d'aborder les questions d'ordre moral*, 1995, p. 13-14 et *passim*.
84. *Cf.* Henri Bergson, *Les Deux Sources de la morale et de la religion*, 1942.
85. Michel Foucault, *Histoire de la sexualité*, tome II : *L'Usage des plaisirs*, 1984, p. 33.

La morale est rapport aux autres qui est rapport à soi, rapport à soi qui est découverte de soi au contact de l'autre. C'est à travers la morale, comme le dit Foucault, que l'être humain se façonne, se transforme, se perfectionne, en un mot s'humanise. Arrêtons de voir la morale comme quelque chose de négatif et de répressif. Sans morale, il n'y a ni société ni humanité.

Mais la morale n'est pas tout. Il est vrai que certains peuvent s'en servir comme moyen de répression et de contrôle. Il y a danger, comme dans bien des religions, que la morale devienne prétexte à l'intolérance et au rejet de l'autre, il y a danger d'endoctrinement par la morale, danger d'infantilisme où c'est la morale qui sait tout, qui décide tout, qui dicte tout. C'est ici qu'on reconnaît la nécessité d'une éthique, c'est-à-dire d'un regard critique sur la morale. L'éthique demande des comptes à la morale, elle lui demande de se justifier. Le rôle de l'éthique est de remettre en question les fondements de la morale. Ce sont les finalités de l'action, les racines de l'obligation, les critères de distinction du bien et du mal qui sont questionnés tour à tour. Le caractère conventionnel de la morale est mis à jour et l'éthique doit voir si l'idéal visé est toujours valable. Les valeurs ont-elles changé, les finalités ont-elles évolué que l'éthique intervient pour questionner la morale. L'éthique veille sans cesse à ce que la morale reste vivante, ouverte, active. Elle ne se contente pas de critiquer la morale, elle cherche à l'améliorer et à la perfectionner.

Il n'y a rien de plus dangereux qu'une morale close et autosuffisante. Le choix entre morale et éthique est un faux dilemme. Les deux ont leur place au sein de la société et les deux doivent y rester.

Le terme « dimension morale » ne se confond pas avec la réflexion éthique mais nous y amène. L'éthique est comme le prolongement obligé de la morale. Les deux concernent la problématique du bien et du mal, les valeurs, les finalités de l'agir, les devoirs, les responsabilités. Quand nous parlerons chez l'être humain de «dimension morale», il faudra toujours avoir à l'esprit les deux à la fois. La morale appelle toujours le discours éthique, mais le mot «morale» a une plus grande extension. Dans notre terminologie, la distinction, de toute façon, perd de son importance.

La dimension morale sera envisagée comme une sous-dimension de la société. Cette dimension est si importante que nous lui avons réservé une place à part. C'est dire que, tout en essayant de l'enraciner, nous essayerons d'en montrer l'originalité. Habiter la société et être habité par la morale, nous le verrons, sont des choses reliées mais des choses distinctes.

Intention et action

L'intention, c'est ce qui est visé, c'est ce qui est voulu par celui qui agit. L'action, c'est ce qui suit l'intention, c'est l'intention réalisée ou en train de se réaliser. L'appréciation morale réside-t-elle dans l'une ou dans l'autre, ou dans les deux à la fois? Si c'est dans les deux, y en a-t-il une qui compte plus que l'autre et, si oui, laquelle?

Pour mieux comprendre, prenons quelques exemples. Une infirmière, accidentellement, administre un poison à un malade au lieu d'un somnifère. Résultat: le malade en succombe. Où est la responsabilité là-dedans? Doit-on accuser l'infirmière d'homicide? Le réponse va de soi: l'infirmière n'avait pas l'intention d'assassiner personne, elle n'est pas coupable de meurtre. L'infirmière n'a pas péché contre la morale, elle a commis une faute professionnelle. Sa responsabilité réside dans une négligence – regrettable certes – mais qui ne fait pas d'elle une criminelle. Il en serait tout autrement, par contre, si elle avait agi délibérément.

Autre exemple : quelqu'un passe près de vous avec l'intention de vous voler votre porte-monnaie, mais manque son coup. Quelle conclusion doit-on en tirer ? L'individu est-il coupable même si sa tentative a échoué ? La réponse est évidente encore une fois : il est autant coupable que si son crime avait réussi. L'intention à elle seule, dans ce cas-ci, rend l'acte fautif et répréhensible.

C'est d'abord l'intention que nous jugeons comme bonne ou mauvaise ; l'appréciation de l'action vient après. Mais cela ne veut pas dire, sur un plan strictement moral, que l'action ne compte pas. Elle n'a pas préséance, mais elle a quand même son importance.

On peut y aller d'autres exemples. Je m'occupe de mon grand-père qui est vieux et malade, mais c'est dans l'intention, une fois qu'il sera mort, d'hériter de sa fortune. Est-ce que l'action ici rachète l'intention ? Non, même si l'action est louable (s'occuper de quelqu'un de vieux et de malade), elle reste moralement condamnable parce qu'elle est motivée par l'intérêt personnel. Inversement, est-ce que j'ai bien agi si, pour sauver un ami, j'ai fait un faux témoignage. Encore une fois non : l'intention est bonne, mais les moyens utilisés (l'action) sont illégitimes. En morale comme ailleurs, « la fin ne justifie pas les moyens » (entendons : n'importe quels moyens)[86].

---

86. Allons plus loin : peut-on (doit-on) mentir à un nazi pour sauver un juif ? Oui, on doit lui mentir. Parce qu'il s'agit d'une situation « extrême » (aberrante), et dans de telles situations les règles de morale peuvent changer ou entrer en contradiction les unes avec les autres. C'est là justement que la question de la hiérarchie des valeurs entre en jeu (dans notre exemple, ce n'est plus l'interdiction de mentir qui prévaut, mais *l'interdiction de tuer un être humain*, de lui enlever la vie pour des raisons injustifiées et insensées).

Une mauvaise intention rend moralement mauvaise une bonne action (par exemple, le cas du grand-père). Mais l'inverse n'est pas vrai : une bonne intention ne rend pas moralement bonne une mauvaise action (l'exemple du faux témoignage). Tout au plus peut-elle la rendre moins mauvaise (de même qu'une intention mauvaise rend pire une action déjà mauvaise).

Même si l'intention prédomine, il est impossible de fermer les yeux sur l'action. L'être humain n'est pas volonté pure, il n'est pas pure intentionnalité. L'être humain est un tout et c'est ce tout qu'il faut toujours concevoir : pensée et action à la fois. Si l'intention reste plus importante, c'est justement parce que la pensée y est pour beaucoup dans l'action. Nous ne disons pas d'un animal – ou même d'un enfant – qu'il a agi moralement ou de façon immorale. *La moralité apparaît avec la pensée (la «raison» dirait Piaget) et la capacité de l'exercer librement.* Dans le domaine moral – comme d'ailleurs dans le domaine juridique, ce qui n'est pas du tout un hasard –, tout ce qui amoindrit ou fait obstacle à la pensée (folie, négligence, âge, passions, endoctrinement, etc.) enlève de la gravité à l'acte. Action et intention, quoiqu'elles soient reliées et toujours dépendantes l'une de l'autre, ne sont pas d'égale valeur. L'agir humain est un *agir intentionnel* et c'est justement pour cela qu'il est possible de parler d'agir moral. Sans pensée et sans

---

La morale porte toujours sur des cas particuliers et contingents, des cas qui doivent être jugés en eux-mêmes, *individuellement*, dans leurs difficultés et leurs complexités propres. Cet exemple prouve, en fait, qu'il n'y a pas et qu'il ne peut pas y avoir de morale *absolument* universelle (ou, encore, si on nous permet l'expression, de «morale naturelle»), c'est-à-dire s'appliquant à tous les cas et ne comportant aucune exception. La morale est humaine et elle ne transcende pas la vie, l'existence, l'histoire, la société. Voir ci-après.

volonté, il n'existe pas de moralité. Voilà qui répond, en gros, à nos questions.

La conscience morale

Quand on parle de conscience, on l'entend habituellement dans son sens fort : on identifie la conscience à la conscience réfléchie. Les animaux ne sont pas complètement dénués de conscience. Ils ont conscience de divers états : plaisir, douleur, chaleur, froid. Cette conscience qu'on peut caractériser de spontanée leur permet de réagir à certaines situations : quand l'animal a froid il s'active, quand il a mal il se lamente, quand il ressent du plaisir il s'excite.

L'animal est incapable de conscience morale pour la raison qu'il est incapable de conscience réfléchie. L'animal reste au niveau des sensations, il est incapable de réfléchir sur ce qu'il vit[87].

---

87. La conscience n'est pas seulement le fait de savoir, mais le fait de *savoir que l'on sait* ; ce n'est pas seulement le fait d'être, mais le fait de *savoir que l'on est*. La conscience (morale ou autre) suppose un dédoublement de la pensée, un retour sur soi de la pensée, c'est ce qui manque vraisemblablement à l'animal. Comme dit Erich Fromm : « L'animal "est vécu" à travers les lois biologiques de la nature ; il en fait partie et ne la transcende jamais. Il n'a conscience ni d'une nature morale, ni de lui-même, ni de son existence. [...] À un point donné de l'évolution animale il s'est produit une rupture unique, comparable à l'apparition de la matière, de la vie, de l'existence animale. Alors l'action cesse d'être essentiellement liée à l'instinct – l'adaptation à la nature perd son caractère coercitif – l'action ne résulte plus seulement de mécanismes hérités. Au moment où l'animal transcende la nature, dépasse son rôle de créature passive, devient, biologiquement parlant, le plus dépourvu, *l'homme est né*. Il s'est alors émancipé par la position verticale, et les proportions de son cerveau ont dépassé ce qu'elles étaient chez l'animal le plus évolué. Cette naissance de l'homme a peut-être duré des centaines de milliers d'années, mais ce qui importe, c'est qu'une nou-

La conscience morale est une modalité de la conscience réfléchie. Tout comme la conscience réfléchie, elle implique une certaine distanciation par rapport à soi. On comprend pourquoi seul l'être humain en est capable : doué de raison, il est le seul à pouvoir s'élever au niveau du jugement.

Au sens étymologique, conscience renvoie à connaissance (*conscientia*). La conscience morale est une connaissance portant sur le bien et le mal :

– Elle porte non sur des faits, mais sur des valeurs. Elle indique ce qui est bien et ce qui est mal, ce qu'il faut faire et ne pas faire (normative).

– Disant ce qu'il faut faire et ne pas faire, elle impose des devoirs (prescriptive). Les devoirs consistent dans l'obligation de se conformer au bien et d'éviter le mal.

– Les devoirs impliquent des responsabilités. Agir, c'est pouvoir répondre des actes que l'on pose. La notion de devoir va toujours de pair avec celle de responsabilité.

– Enfin, cette connaissance *se veut* universelle, c'est-à-dire valable pour tous, peu importe l'époque, les circonstances ou les coutumes.

La conscience ne relève pas d'une « inclination naturelle ». L'idée que l'homme serait « naturellement bon » ne repose sur aucun fondement. Au lieu d'éclairer le problème, elle le masque. D'où viendrait donc cette mystérieuse « inclination » à agir conformément au bien ? Que fait-on, par ailleurs, du problème du mal ? Que fait-on de la

---

velle espèce ait surgi, transcendant la nature, et que la vie *soit devenue consciente d'elle-même* » (*Société aliénée et société saine*, 1956, p. 37-38). De cette conscience est née, et répondant aux exigences de la vie en société, *la conscience morale*.

question du choix ? Que fait-on de la responsabilité ? Enfin, comment peut-on encore parler de liberté si la « nature » décide à notre place ? Si on veut être conséquent, il faut répondre à tout cela ; se réfugier dans la métaphysique, c'est éviter d'affronter le problème de face, c'est le taire et l'étouffer.

Il n'y a pas et il n'y a jamais eu d'« inclination naturelle » parce qu'il n'y a jamais eu d'« homme naturel »[88]. Rousseau et tous les moralistes qui pensent comme lui ont tort. Il n'y a de morale que rationnelle et cette morale, comme nous le verrons plus loin n'est pas indépendante de la vie en société. Pour l'instant, arrêtons-nous ici et disons quelques mots sur la notion de responsabilité. Petit à petit, le tout finira par prendre son sens.

La responsabilité morale

Voilà le mot : responsabilité. À une époque où chacun revendique des droits pour tout et pour n'importe quoi, ce mot fait peur, il n'est pas le bienvenu. Il y a une charte des droits et libertés, malheureusement il n'y a pas de charte correspondante des devoirs et responsabilités qui en résultent. Les droits d'autrui sont mes responsabilités, de même que mes droits sont les responsabilités d'autrui. Droits et responsabilités, comme bien et mal, sont des termes reliés qui n'ont de sens qu'unis l'un à l'autre.

Comment peut-on définir la responsabilité ? *Dans l'obligation de répondre des actes posés, quand ces actes ont été posés librement et en toute connaissance de cause.* La responsabilité n'est pas seulement négative, elle ne s'applique pas seulement quand il y a faute, elle peut également susciter, s'il y

---

[88]. Au sens, du moins, où Rousseau l'entendait, c'est-à-dire comme un a priori métaphysique, espèce d'Adam originel déjà armé de pied en cap.

a lieu, l'approbation et l'estime. Il est vrai cependant qu'elle est souvent associée à l'idée de blâme et de culpabilité. C'est pourquoi nous disons *répondre*[89] *des actes posés*; « répondre » veut dire « accepter et assumer » les conséquences de ses actes, chose qui est difficile, bien entendu, quand les conséquences sont négatives.

Il n'y a de responsabilité imputable, d'autre part, que si *les actes ont été posés librement*. On n'attribue pas de responsabilité à celui qui a agi sous l'effet de la contrainte ou de la menace. *En toute connaissance de cause* veut dire qu'on connaît et – plus encore – qu'on est capable de mesurer les conséquences des actes posés. S'il y a des éléments qui nous échappent et qui nous étaient totalement imprévisibles, on ne doit pas normalement en être tenu responsable.

On voit que l'intention y est pour beaucoup dans la responsabilité. La connaissance et l'action, nous l'avons vu, y jouent également un rôle non négligeable. La responsabilité implique les trois à la fois: vouloir, pouvoir, prévoir.

La distinction encore une fois entre action et intention nous amène à préciser davantage la notion. Il y a différents types de responsabilité qu'il faut démêler: responsabilité morale, responsabilité civile, responsabilité pénale. La responsabilité morale réside principalement dans l'intention, la responsabilité civile principalement dans l'action, la responsabilité pénale diversement dans les deux à la fois. Reprenons l'exemple de l'infirmière qui, par erreur, administre un poison à un malade et cause sa mort. Sur le plan moral, elle n'a commis aucune faute, c'est par maladresse

---

89. Le mot responsabilité dérive du latin respondere qui signifie « répondre », « se porter garant ». On retrouve donc ici le sens primitif du terme.

et sans mauvaise intention qu'elle a agi. Les conséquences non voulues de l'acte la déchargent de toute responsabilité morale. Mais, comme l'infirmière a commis une maladresse et a causé des dommages, à un autre point de vue on peut la tenir en partie responsable de ce qui est arrivé. Elle aurait dû agir avec plus de précautions. Elle a commis une *faute professionnelle* et, en ce sens, elle doit en répondre. Cette faute pourrait éventuellement entraîner une poursuite contre elle ou contre l'hôpital (responsabilité civile). Comme il n'y a pas eu de crime, il n'y aura cependant aucune sanction pénale (responsabilité pénale). Tout au plus pourra-t-on la congédier si l'on juge qu'il y a eu véritable négligence.

C'est l'angle de vue chaque fois qui est différent et qui rend l'acte différemment interprétable. La responsabilité morale, tout en faisant une place à l'action, réside principalement dans l'intention. C'est *volontairement* qu'on agit contre ou conformément à la morale. On n'est responsable de nos actes que dans la mesure où ils ont été posés librement. Il n'y a de responsabilité morale que pour des sujets libres et autonomes. À une époque où les droits priment sur les responsabilités, il est peut-être bon de le rappeler : il n'y a pas de liberté sans responsabilité, accepter l'un c'est accepter automatiquement l'autre[90].

---

90. Car, comme dit Jacques Grand'Maison : « [...] C'est surtout au plan du droit et des droits qu'on trouve le terrain le plus révélateur des imbroglios du jugement, de la conscience et de la morale. Sans doute parce que le droit et les droits tiennent lieu de morale au point d'en occuper toute la place et de devenir l'unique référence en tout et pour tout » (*Quand le jugement fout le camp : essai de déculturation*, 2000, p. 177).

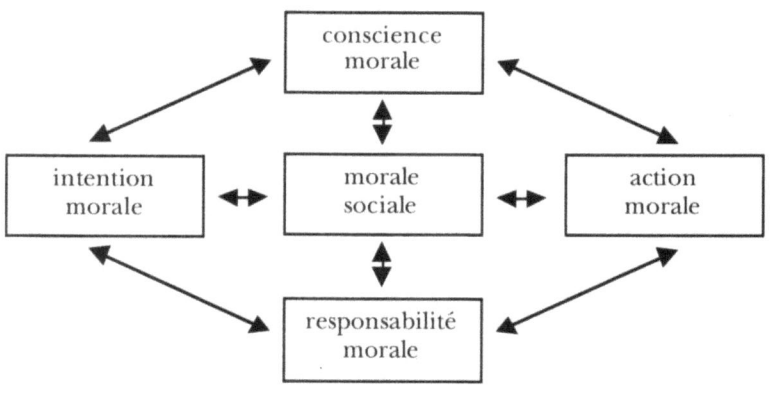

La société, fondement de la morale

Ce n'est pas l'homme qui a donné naissance à la société humaine, c'est la société primatique qui a donné naissance à l'homme. Le problème de la morale a toujours été posé à l'envers, il est temps qu'on le remette sur ses pieds. Cette base qu'on cherche vainement dans une «nature originaire», il n'est pas besoin de la chercher si loin. La société est apparue avant l'homme et c'est en elle, non ailleurs, qu'il faut chercher le fondement de la morale.

JUSTICE ET LOI MORALE

Le sentiment clair et transparent qu'évoque le mot justice semble renvoyer à quelque chose d'absolu ou d'inhérent à la nature des choses. Or, pour cette notion comme pour tout ce qui relève généralement de la morale, nous pourrions faire la même démonstration. L'idée de justice n'a aucune origine transcendante, ce n'est pas une chose en soi qui ferait appel à un sens spécial ou à un instinct infaillible pour se justifier. À l'origine, le mot justice était lié à l'idée de loi positive, ou à l'idée de coutume qui correspond à la forme primitive de la loi. « Justum » est tiré de « jussum » qui veut dire ce qui est ordonné par la loi ou par l'autorité[*]. Ce n'est qu'après, en se rendant compte de l'imperfection des lois en vigueur, qu'on en vint à admettre qu'il pouvait exister de mauvaises lois ou des lois injustes. La loi morale est née du sentiment de *ce que devrait être* la loi et la justice devint *ce qui devrait exister* mais qui pourrait tout aussi bien être contraire aux lois elles-mêmes. La loi morale devint par là même une espèce d'idéal transcendant l'aspect juridique, légal ou simplement ancestral des lois proprement dites (idéal appelé « loi naturelle »). Elle pouvait elle-même être liée à l'idée de justice mais à une justice plus large (appelée « justice naturelle ») qui aurait servi de point de départ à la notion. D'où les expressions « droit moral », « rectitude morale » ou « prescription morale » (toutes reliées à l'idée de justice) qui en découlent et qui trahissent encore une fois les transformations que la notion a subies avant de trouver la forme achevée qu'on lui connaît aujourd'hui.

---

[*] *Cf.* John Stuart Mill, *L'Utilitarisme*, 1968, p. 126 et ss.

Le fait de vivre en société implique que certains interdits soient respectés, sinon la vie communautaire est impossible. On ne voit pas comment une société pourrait se fonder librement sur le meurtre ou sur la trahison. Un climat de suspicion et de crainte incessant rendrait l'existence insupportable. Les premiers interdits ont dû être peu nombreux : interdiction de tuer, interdiction de voler, interdiction de mentir. La société devait absolument instaurer un climat de confiance pour que des liens d'amitié et d'entraide puissent s'établir. C'était cela, l'isolement ou la loi du plus fort. Les règles se sont développées au fur et à mesure que la société s'est développée : ainsi d'autres interdictions ont dû apparaître très tôt : interdiction de l'inceste, tabous sexuels, etc. Aux règles morales se sont superposées des règles proprement sociales : lois, normes sociales, rites, coutumes, usages, hygiène, règles de politesse. Tout cela a fini par faire partie intégrante de la société. Intériorisées dès la prime enfance, renforcées par l'apprentissage et l'éducation, encouragées par la vie en société, ces règles, par la force de l'habitude, sont devenues comme une « seconde nature ». Tellement familières et inhérentes à chacun qu'on s'imagine qu'elles ont toujours existé !

On comprend mieux maintenant pourquoi il est possible de parler de morale universelle. Ce qu'il y a d'universel, c'est l'interdiction de tuer, l'interdiction de voler, l'interdiction de mentir[91]. Ces règles, on les retrouve à toutes les époques et dans toutes les cultures, elles sont au

---

91. La prohibition de l'inceste semble également universelle (c'est ce qu'aurait démontré Claude Lévi-Strauss), mais sans perdre son universalité, elle pourrait cependant être postérieure aux trois grands premiers interdits (tuer, voler, mentir) qui fondent la société. Sur l'origine de l'inceste, voir Claude Lévi-Strauss, *Les Structures élémentaires de la parenté*, 1973, spécialement l'introduction et les chapitres 1 et 2.

fondement des sociétés. Quant aux règles proprement sociales (lois, coutumes, traditions, *tabous sexuels* – qu'on doit classer ici n'en déplaise aux moralistes –, etc.), elles diffèrent d'un peuple à l'autre. Ces différences sociales sont des *différences culturelles* qui dépendent de l'évolution et des valeurs propres à chaque société. Il ne faut surtout pas les confondre avec les règles morales dont nous venons de parler.

C'est donc dans une perspective évolutive qu'il faut envisager la morale si on veut la comprendre. La morale naît avec la société et c'est en elle qu'elle s'enracine[92]. C'est par acquis successifs que la conscience morale, elle, s'est constituée. La conscience morale est l'intériorisation progressive de la règle et de l'interdit (via la famille, la culture, l'éducation). Bien et mal ne sont pas des choses en soi, ce sont des distinctions fonctionnelles. La vie en société requérait l'injonction morale, la raison a répondu à cette injonction en inventant l'interdit. La morale est une création sociale, ce qui, loin de lui enlever quelque chose, la rend encore plus nécessaire et plus fondamentale.

---

92. Dans les sociétés anciennes (sociétés archaïques, Égypte ancienne, Grèce antique, etc.), le social et le moral sont fusionnés par le religieux. Le fait moral n'a rien de transcendant. Il ne fait pas partie de notre « nature » mais se développe en nous sous la pression et les impératifs de la vie en société. Le fait moral, en d'autres mots, est un *acte social*, il n'est pas plus naturel que la société n'est naturelle à l'homme. Ici encore, on n'a que du construit humain, rien d'inné, que de l'acquis, enfant de la nécessité et de l'apprentissage. Le répéter n'est pas inutile car, dans ce domaine, la confusion règne. Bien des moralistes et des éducateurs, sur ces questions, disent n'importe quoi. Il est plus que temps de corriger le tir.

LA DIMENSION ÉCOLOGIQUE

Qu'est-ce que l'être humain : du physique, du biologique, de l'affectif, du mental, du moral, du social ? L'être humain est tout cela à la fois et plus encore. L'être humain, la société, les deux ne vivent pas en vase clos mais évoluent dans un milieu, en relation avec d'autres espèces. Ce milieu dynamique, toujours actif et infiniment complexe, c'est l'écosystème.

Le mot écologie est tiré du grec *oikos* qui signifie « maison », « habitat »[93]. Habitat vivant, habitat naturel, l'écologie est la science qui étudie les relations entre les espèces vivantes et leur environnement. L'écologie repose sur deux concepts clés : ceux de biotope et de biocénose. Le biotope est le milieu physique, géophysique et géoclimatique dans lequel les espèces évoluent. La biocénose, c'est l'ensemble des espèces, animaux, végétaux, humains, vivant en équilibre au sein d'un biotope. *L'association complexe d'un biotope et d'une biocénose forme un écosystème.*

La dimension écologique concerne nos rapports avec l'habitat physique ainsi qu'avec les autres espèces vivantes. Nous habitons tous le même milieu, l'écosystème, et les relations que nous allons établir entre nous vont déterminer le type d'habitat que nous désirons avoir. Si nous décidons de tout détruire autour de nous comme nous le faisons depuis plus d'un siècle, nous devrons nous attendre à en subir les contrecoups. Les conséquences déjà dramatiques de nos actions – pollution, effet de serre, déforestation, élimination d'espèces, etc. – ne sont peut-être que les signes avant-coureurs d'une catastrophe plus importante. Protéger notre habitat, protéger les autres espèces vivantes,

---

93. *Cf.* Edgar Morin, *La Méthode*, tome 2, *La Vie de la vie*, 1980, p. 17.

c'est nous protéger nous-mêmes. L'ennemi le plus dangereux n'est pas à l'extérieur, mais à l'intérieur, il est en nous-mêmes.

La révélation écologique, comme dimension inhérente à l'être humain, est impossible sans conscience écologique. La conscience écologique suppose d'abord la reconnaissance du problème, ensuite il s'agira d'essayer de trouver des solutions pour le résoudre.

L'intégration biologique

Au premier regard, l'écosystème nous apparaît comme un déferlement d'égoïsmes, d'antagonismes, de désordres, de destructions. On voit les espèces lutter entre elles, se fuir, se combattre, s'entre-dévorer. Les animaux se nourrissent des plantes, se disputent la nourriture, deviennent la proie d'autres animaux. À travers ce tohu-bohu meurtrier, il ne semble y avoir qu'une seule loi, la loi du plus fort, la « loi de la jungle ».

Un second regard, plus attentif, nous montre cependant autre chose. Des espèces végétales s'unissent entre elles (lichens), on voit des associations entre animaux et végétaux (protistes avec des algues cellulaires, fourmis avec des champignons, relations fleurs/abeilles), entre animaux eux-mêmes (bernard-l'ermite, actinies), entre organismes hôtes et parasites (*Escherichia coli* dans nos intestins). Certaines espèces se regroupent sous forme de hordes, rassemblements, colonies. sociétés (loups, fourmis, termites, oiseaux, mammifères, etc.). Symbioses, mutualismes, regroupements, associations, tout n'est pas qu'antagonismes au sein de la biosphère[94].

---

[94]. Voir là-dessus le grand classique de Pierre Kropotkine, *L'Entraide, facteur d'évolution*, 1970.

La complémentarité entre les espèces est encore plus évidente si l'on regarde d'un peu plus près. Elle ne se limite pas seulement à l'entraide et au simple mutualisme, mais renvoie à quelque chose de plus fondamental.

La complémentarité s'inscrit dans un circuit global qui se situe à deux niveaux différents mais reliés. Le premier est celui de l'autophagie généralisée qui agit non seulement de façon antagoniste, mais aussi de façon complémentaire. C'est le circuit de la chaîne trophique appelée aussi chaîne alimentaire. Il va des plantes aux herbivores, puis aux carnivores, puis à d'autres carnivores, puis aux humains, puis revient aux plantes :

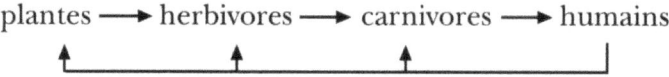

Tout est récupéré à l'intérieur de la chaîne, déchets, cadavres, pourritures, et tout devient complémentaire. Vie et mort se nourrissent l'une l'autre. L'antagonisme, paradoxalement, agit de façon complémentaire et c'est de cette complémentarité, de façon non moins paradoxale, que se crée un équilibre démographique.

À un deuxième niveau, la complémentarité se joue entre animaux et végétaux. Les végétaux dégradent le CO_2 et libèrent l'oxygène nécessaire à la respiration des animaux, laquelle libère le gaz carbonique nécessaire aux végétaux :

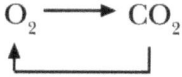

Chaîne chimique et chaîne trophique, les deux sont inséparables et constituent le circuit global – énergétique et vivant – qui entretient la vie. Si l'on enlève un maillon, c'est le circuit lui-même qui disparaît.

Dans notre arrogance, nous nous croyons au-dessus de tout cela. Devenus asservisseurs de l'écosystème, nous nous en croyons affranchis. Même si nous nous sommes hissés au-dessus de la nature, nous vivons toujours au sein de la nature. Même si nous transcendons la vie, nous en restons toujours dépendants. Nous avons besoin de l'oxygène que fabriquent les végétaux (l'air que nous respirons), nous avons besoin des végétaux pour l'agriculture, la médecine (médicaments), la cuisine (nourriture), l'urbanisme, l'embellissement. Nous avons besoin des animaux pour l'élevage, la domestication, les loisirs, le plaisir, le jeu (animaux domestiques). Le besoin dépasse les finalités strictement alimentaires, il se confond avec nos propres finalités anthroposociales.

Nous n'échappons pas à la relation avec les autres espèces. Notre indépendance va de pair avec une dépendance toujours accrue. Mais, à la différence des autres espèces, nous avons un pouvoir qui est en même temps un pouvoir de destruction. C'est à nous de choisir : leur destin est entre nos mains, mais, leur destin, à bien y réfléchir, c'est aussi le nôtre...

L'intégration physique

L'intégration biologique nous réintroduit au sein du monde vivant. Sans vie tout s'arrête : respiration, alimentation, croissance, évolution. *L'intégration physique, de façon plus radicale, nous réintroduit au sein du milieu naturel.* Ce milieu naturel dans lequel nous vivons avec les autres espèces se nomme biotope. Le biotope, c'est la niche, le milieu physique réunissant les conditions de vie et d'habitabilité pour les espèces. En termes plus concrets, c'est le territoire habité incluant le sol, l'air, l'eau, les forêts, les montagnes, les océans, le climat, la température, bref tout ce qui peut accueillir et abriter la vie.

Ces conditions, nous ne les choisissons pas ; elles sont là et s'imposent à nous comme des contraintes auxquelles il faut s'adapter. Toutes les espèces doivent s'adapter aux conditions du milieu, milieu toujours changeant, milieu toujours dynamique. Des millions d'espèces ont été éliminées faute de pouvoir répondre à cette exigence. L'aptitude d'une espèce à survivre et à évoluer réside justement dans cette capacité de répondre aux défis, aléas, manques, accidents, hasards extérieurs. Darwin avait raison de parler de sélection naturelle et d'adaptation. L'intégration à un milieu est adaptation à ce milieu et à ses conditions de vie changeantes et incertaines.

Même si nous avons transformé le milieu en l'adaptant et en le modifiant, nous sommes toujours soumis, comme les autres espèces, à son implacable loi. Malgré toute notre science et tout notre savoir-faire, nous sommes toujours incapables de contrôler les climats et la température (en ce qui concerne la température, nous sommes à peine capables de la prévoir un ou deux jours à l'avance!). Nous sommes impuissants devant les inondations, tremblements de terre, tornades, ouragans. La moindre perturbation climatique, atmosphérique ou tellurique peut provoquer du jour au lendemain famines et destructions. Inondations au Bangladesh, famines en Éthiopie, tremblements de terre au Japon ou aux Philippines, tout cela nous rappelle – pour nous limiter à ces quelques exemples – comment l'écosystème est fragile et imprévisible. Loin de contrôler ces conditions, par nos actions aveugles très souvent nous les aggravons et les amplifions.

L'intégration physique, une fois encore, nous rappelle que nos pouvoirs sont limités. Le pouvoir que nous avons sur l'écosystème est infime par rapport à la dépendance à laquelle nous sommes soumis. Il faut d'abord faire preuve d'humilité et admettre que nous ne sommes pas tout-puissants. Nous avons conquis la Terre, le plus grand des biotopes, mais la Terre à bien des égards nous reste encore étrangère. Nous sommes une partie du tout, une partie certes importante, mais le tout est toujours plus grand que la partie. Cette simple reconnaissance – qui est en elle-même un truisme – vaut à elle seule bien des enseignements. La seule façon de s'intégrer à l'écosystème, si nous voulons le conserver, est de s'y intégrer harmonieusement.

La conscience écologique

Aux tout débuts, au paléolithique, l'homme vivait de chasse et de cueillette. Il se maintenait en équilibre avec son environnement dans lequel il puisait uniquement pour sa survie. Le passage au néolithique inaugure une étape importante avec les premières cultures de graines (céréales), de plantes légumineuses, oléagineuses. Cette transition à l'agriculture se fait progressivement et c'est progressivement que l'homme apprend à découvrir la terre et ses ressources. Les techniques de production, à partir d'inventions nouvelles (roue, charrue, etc.), vont s'améliorer, s'affiner en même temps qu'on va accroître le rendement des sols. Jusqu'au Moyen Âge l'écosystème n'était pas menacé parce que l'homme rythmait périodiquement ses activités sur les saisons et les cycles naturels (la « routine paysanne »).

Depuis l'avènement de l'industrialisation (la « Révolution industrielle »), les choses ont changé du tout au tout. Avec les progrès de l'industrie, c'est-à-dire un changement dans les modes de production et des besoins toujours accrus en énergie, les problèmes ont commencé. Depuis lors, ils n'ont fait que s'aggraver et s'amplifier pour devenir de plus en plus alarmants.

L'écologie est une science nouvelle qui est apparue au XIXe siècle (Haeckel, 1866). Ce n'est pas un hasard. L'écologie apparaît en réponse à des problèmes nouveaux et à une réalité nouvelle. L'écologie est un sous-produit de la « Révolution industrielle » et des problèmes qu'elle a engendrés.

La conscience écologique est la reconnaissance de ces problèmes et la volonté d'agir pour les corriger – là du moins où il n'est pas déjà trop tard. Mentionnons quelques-uns des problèmes principaux qui, nous éclatant en pleine face, demandent sans tarder des solutions[95] :

– La population croît à un rythme alarmant (près de 100 millions d'individus par an). Les ressources disponibles, d'ici quelques décennies, seront insuffisantes pour répondre aux besoins alimentaires sans cesse grandissants. En d'autres mots, nous serons trop nombreux et les chances de satisfaire chacun s'amenuisent à mesure que nous avançons. Il y a une limite à la surpopulation et cette limite, pense-t-on, sera atteinte dans un avenir proche (un siècle ? un demi-siècle ?).

– Nous consommons plus d'énergie que nous sommes capables d'en produire. Parmi ces sources d'énergie, certaines sont non renouvelables (charbon, pétrole). D'ici quelques décennies, si nous continuons à ce rythme, elles

---

95. Les données qui suivent sont tirées de Lester R. Brown *et al.*, *L'État de la planète*, versions 1996 et 2001.

seront épuisées à jamais[96]. Ce qui est vrai des substances fossiles est vrai également des matières minérales non renouvelables (des métaux comme l'or, le cuivre, le cobalt, l'uranium) dont l'épuisement, à court ou à plus long terme, fait craindre à un moment donné leur disparition complète.

– À tous les niveaux, nous prélevons plus que l'intérêt (le croît naturel), nous grevons le capital. Les réserves durables en eau ne suffisent plus, nous puisons à même la nappe phréatique[97]. Les zones de pêche océaniques sont exploitées à pleine capacité et au-delà. Nous vidons les fonds marins tout en sachant que d'année en année les réserves diminuent. La demande en bois de chauffage, en bois de construction, en pâte à papier déborde largement les possibilités de repousse et de reboisement. Jour après jour les « coupes à blanc » et l'abattage mécanisé font reculer les forêts. Ce sont des millions d'hectares qui, en Afrique, en Amérique latine, en Asie, sont détruits annuellement, souvent pour être remplacés par des pâturages et des terres à culture. Il n'y a pas que les forêts qui rétrécissent à vue d'œil, ce sont des pans entiers de terre qui chaque année sont soumis à l'érosion et détruits à cause

---

96. Les solutions alternatives (fusion nucléaire, énergie solaire), pour l'instant, n'offrent encore aucune garantie. Mais attendons.
97. « Sur presque tous les continents, un grand nombre de nappes phréatiques sont sollicitées plus que leur rythme naturel de rechargement ne le permet. Leur amenuisement est très rapide dans certaines régions de l'Inde, en Chine, aux États-Unis, en Afrique du Nord et au Moyen-Orient et, pour l'ensemble du monde, le déficit en eau est évalué à 200 milliards de mètres cubes par an » (Lester R. Brown et al., L'État de la planète, 2001, p. 30). Riccardo Petrella pense que l'eau, « l'or blanc », sera l'enjeu du XXIe siècle comme le pétrole (« l'or noir ») a été celui du XXe siècle. Sur cette intéressante perspective, cf. Riccardo Petrella, Le Manifeste de l'eau : pour un contrat mondial, 1998.

d'une mauvaise planification et d'une exploitation purement capitaliste. Sur le plan écologique, c'est un véritable désastre.

– Puis, il y a peut-être le problème le plus important, du moins le plus alarmant : la pollution. Pollution de l'air causée par l'émission de substances toxiques tels le CO_2 et les hydrocarbures (responsables de «l'effet de serre»), les CFC (responsables de l'amincissement de la couche d'ozone), les produits radioactifs (le triste exemple de Tchernobyl) et tous les gaz se retrouvant dans l'atmosphère (soufre, fluor, etc.). Pollution de l'eau par les engrais chimiques (phosphates, nitrates, sulfates) drainés par les eaux de ruissellement, déversements de pétrole (l'*Exxon Valdez*!), rejet des eaux usées (domestiques et industrielles), pesticides, etc. Les effets dévastateurs de la pollution sur le plan écologique sont incalculables.

– Enfin, doit-on parler des montagnes de déchets – recyclables ou non recyclables – dont on ne sait absolument plus quoi faire (pneus usés, appareils éventrés, ordures, etc.) ? Il y en a tellement qu'on n'a plus assez d'espace pour savoir où les mettre. Les enfouir ou les brûler – quand c'est possible – ne règle pas le problème mais l'accroît en accroissant la pollution.

On voit que le problème est grave, très grave et même inquiétant. Sans être alarmiste ou catastrophiste, il faut concevoir qu'il s'agit là d'un problème sans précédent. Nous avons franchi des seuils qui attaquent le fondement même de nos actions et les fondements mêmes de la vie sur Terre. Les dommages causés à la planète sont considérables. Rien n'a été épargné : l'air que nous respirons, l'eau que nous buvons, la terre que nous cultivons, les forêts, les espèces vivantes, toute l'infrastructure écologique est ébranlée par la violence de nos actions.

Le processus est-il réversible, est-il encore possible de le contrecarrer ? Il se fait tard, mais il est encore temps d'agir. Il est possible de travailler à l'amélioration de la planète, mais, pour ce faire, nous devrons changer bon nombre d'habitudes et de comportements qui jusqu'ici nous ont conduits à ce cul-de-sac. C'est peut-être notre dernière chance. À nous de la saisir.

De la conscience à l'action écologique

Nous avons cru longtemps que les ressources étaient infinies, que la croissance était illimitée (les « Trente Glorieuses » tant vantées par Jean Fourastié ![98]), qu'il n'y avait pas de frein au développement économique et industriel. C'est faux. Tous les pays sont endettés jusqu'au cou, le tiers de l'humanité (« tiers monde ») souffre de faim et de malnutrition, nous dilapidons nos ressources sans penser au lendemain, nous avons hypothéqué l'avenir de nos enfants et de nos petits-enfants en pensant uniquement à nous.

Les « Trente Glorieuses » nous coûtent cher... le dernier siècle a été un véritable gâchis. La société de consommation a développé en nous des habitudes et des comportements irresponsables. Loin d'être une « société glorieuse », c'est une société gaspilleuse, exploiteuse (du tiers monde, des démunis de la planète) et insouciante de l'avenir. Elle ne profite qu'aux plus nantis, c'est une société fondamentalement injuste et inégalitaire. Ce monde est intolérable, oui, René Dumont a raison de le dire tout haut[99]. Il faut changer nos mentalités, changer nos habitudes, changer nos comportements, sinon l'humanité court à sa perte. Au nom

---

98. Entre autres, dans *Le Grand Espoir du XXe siècle*, 1958 et dans *Les Trente Glorieuses ou La Révolution invisible de 1946 à 1975*, 1979.
99. René Dumont, *Un monde intolérable*, 1991.

de l'humanité, au nom de toutes les espèces vivantes et de leur droit à la vie, il faut agir.

Mais comment agir ? Toute la question est là. Faut-il condamner l'automobile, l'industrie et tous les polluants (pollueurs) majeurs ? En ce qui concerne le problème démographique, faudrait-il, à l'exemple de la Chine, obliger chaque pays à contrôler sa population ? Faut-il imposer des quotas plus sévères pour la pêche, le bois et les pâtes à papier ? Faut-il, dès maintenant, commencer à rationner l'eau, le pétrole et l'électricité ?

Il faudrait tout cela, mais il faudrait plus encore. Il faut d'abord changer nos habitudes de consommation et de gaspillage. *Ce qu'il faut changer, c'est la vision consumériste qui croit que la vie ou le bonheur résident dans la consommation.* Insouciants de nos actes, nous voyons l'écosystème comme un réservoir et une poubelle. Nous le vidons de ses ressources et, en retour, nous lui vidangeons les sous-produits (résidus, déchets, pollutions) de nos actions aveugles et égoïstes. Nous avons développé une mentalité de consommation, incapables que nous sommes de comprendre notre rapport vital à l'environnement. L'écosystème, ce n'est pas une poubelle, ce n'est pas non plus un réservoir dans lequel on peut puiser allègrement. L'écosystème, c'est notre habitat, notre « maison », le lieu que nous habitons avec les autres espèces. Aucune espèce sauf l'homme n'a menacé à un tel point son habitat jusqu'à le détruire et le rendre inhabitable. C'est ce que nous sommes en train de faire par notre arrogance et notre insouciance.

Pour briser la société de consommation et de gaspillage, il faut d'abord briser l'ancien paradigme biblique et cartésien magnifiant l'homme comme « maître et possesseur de la nature ». Ce paradigme appartient au passé et aujourd'hui il doit être rejeté. La nature possède autant l'homme que l'homme peut la posséder. La possession est réciproque parce que le lien de dépendance lui-même est réciproque. C'est cette barrière mentale qu'il faut d'abord briser. *La nature fait partie de nous comme nous faisons partie de la nature*[100]. Ce n'est qu'après cette prise de conscience, et uniquement après cette prise de conscience, que les choses pourront changer. Avant de changer la situation, il faut d'abord changer les mentalités. C'est par là que l'action doit commencer.

L'écosystème ou dimension écologique

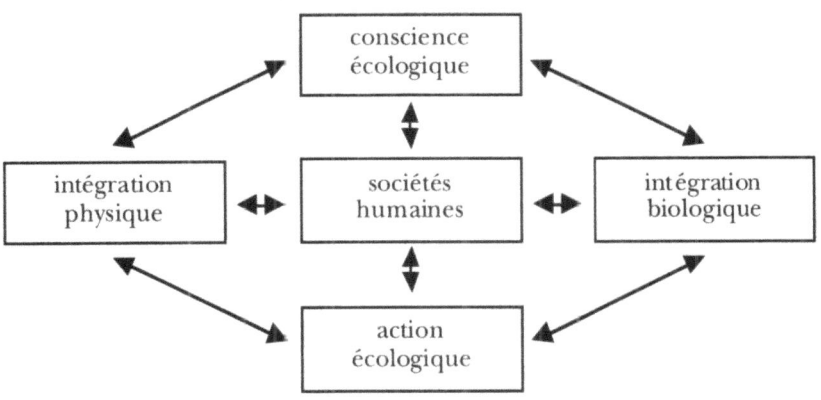

---

[100]. Sur le lien qui unit l'homme à l'environnement (« la relation écologique »), voir Edgar Morin, *La Méthode*, tome 2, *La Vie de la vie*, 1980, première partie, p. 17-30, 61-77.

La conscience écologique, dernier avatar de la conscience

On pourrait faire une généalogie de la conscience : on partirait de la conscience spontanée, que l'homme partage avec l'animal, pour aboutir à la conscience réfléchie, ultime conquête de l'homme. La conscience réfléchie permet la conscience de soi et la conscience du monde extérieur. Avec la vie en société, elle se prolonge en conscience morale et constitue un progrès de la conscience et un agent important d'humanisation. La conscience écologique est la dernière-née de la conscience, son dernier avatar.

Pour chaque étape, on pourrait retracer un événement. La conscience réfléchie est née de la complexification du cerveau et de la capacité toujours plus grande, chez l'homme, de réfléchir et de raisonner. Primitivement tournée vers l'extérieur, elle a permis à l'humanité d'évoluer et de se développer. C'est la conscience de la mort, possiblement, qui a permis un nouveau progrès de la conscience. On peut concevoir la mort, en effet, comme l'élément déclencheur de quelque chose de plus fondamental, la conscience de soi. Événement traumatisant s'il en est un, la mort est à l'origine d'un nouveau questionnement face à une nouvelle réalité : l'au-delà, l'après-vie, questionnement qui donnera naissance au mythe et à la croyance en l'immortalité (du double, de l'âme, etc.). La conscience morale, nous l'avons déjà dit, apparaît avec la vie en société (*cf.* supra). La conscience écologique est toute récente, elle émerge en même temps qu'émerge un ensemble de problèmes nouveaux issus du développement de l'industrialisation : croissance démographique, pollution, consommation d'énergie, surproduction, gaspillage. Dernière-née, la conscience écologique est peut-être tardive mais elle est cruciale. C'est à la fois une prise de conscience ultime et un retour aux origines. La conscience écologique est la prise de conscience que nous faisons partie intégrante de l'environnement et qu'il est impossible de nous y extraire. Eau, oxygène, nourriture, ravitaillement, tout ce dont nous avons vitalement besoin nous provient de l'environnement. Nous sommes rattachés à l'environnement comme à un père nourricier. C'est lui qui nous a enfantés, qui nous a donné la vie (sur le plan évolutif) et c'est grâce à lui que nous pouvons la conserver.

La conscience écologique est cette prise de conscience rétroactive qui nous montre le lien ombilical qui nous unit à l'environnement. C'est aussi la prise de conscience qu'à cet égard nous nous comportons présentement comme des parricides, oubliant même que, par nos actions, nous sommes en train de nous suicider collectivement.

La conscience écologique est la première prise de conscience véritablement planétaire. C'est une conscience humaniste qui, pour une fois, n'est pas une simple abstraction. L'écologie concerne l'humanité dans son ensemble : l'écologie, c'est le moment décisif d'une prise de conscience que l'humanité est une et que c'est seulement unie qu'elle pourra affronter les problèmes qu'elle a elle-même créés. Une véritable conception de l'être humain doit inclure la dimension écologique. L'humanisation des êtres humains passe nécessairement par le développement de la dimension écologique.

PARADIGME DE L'ÊTRE HUMAIN COMME ÊTRE MULTIDIMENSIONNEL : DIMENSIONS ET SOUS-DIMENSIONS

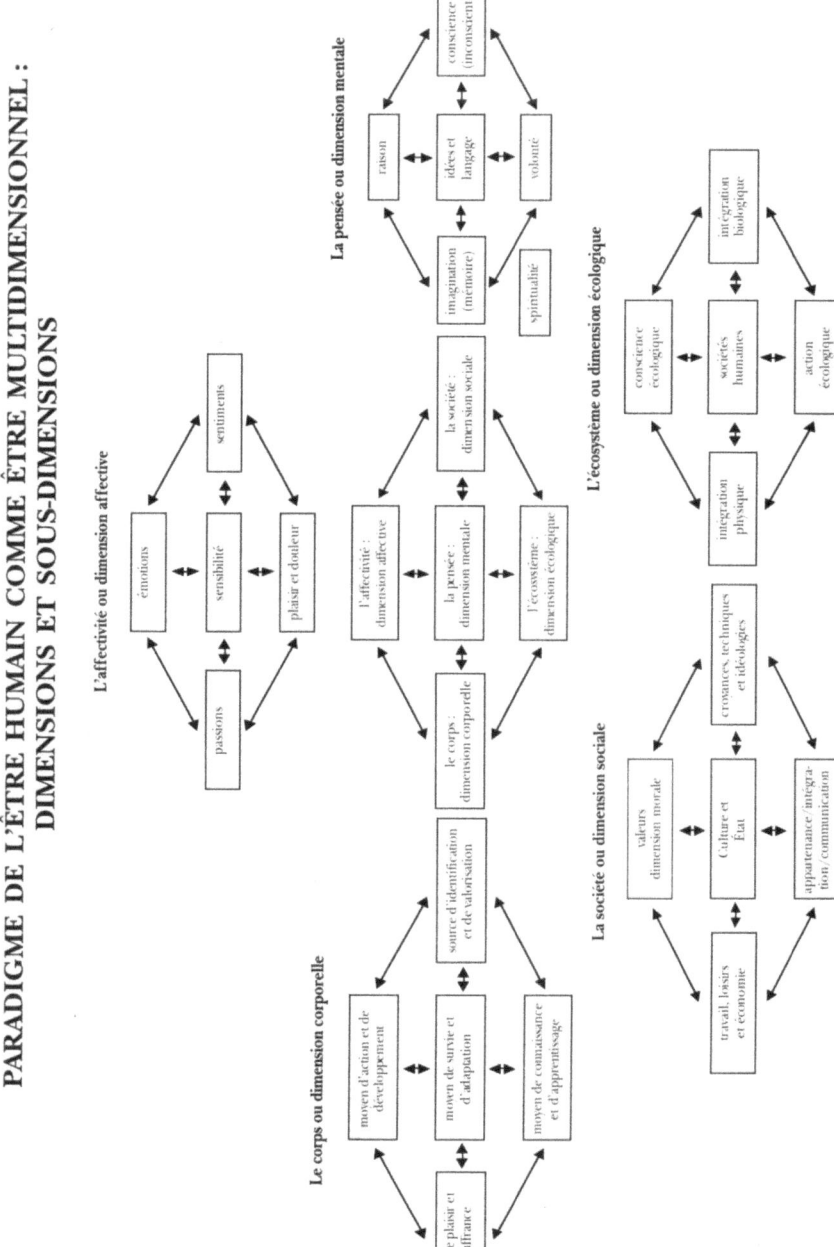

L'ÊTRE HUMAIN ET LES MILIEUX (PHYSIQUES, VIVANTS, SOCIAUX, MENTAUX) DANS LESQUELS IL S'INSCRIT. LES DIMENSIONS VUES SOUS UN AUTRE ANGLE

```
                    Animaux,
                   monde vivant
                        |
  Idées, culture,       |       Environnement
  connaissances ──── L'ÊTRE ──── physique ou
  et significations    HUMAIN      écosystème
                        |
                   Familles, groupes,
                   communautés,
                   société/s
```

TROISIÈME CHAPITRE

À LA RECHERCHE DU «PARADIGME PERDU»

> Si quelqu'un veut sérieusement rechercher la vérité, il ne doit pas faire choix d'une science particulière ; elles sont toutes unies entre elles et dépendent les unes des autres. Qu'il pense seulement à accroître la lumière naturelle de sa raison.
>
> *René Descartes*

> Il s'agit non seulement de faire naître la science de l'homme, mais de faire naître une nouvelle conception de la science, qui conteste et bouleverse, non seulement les frontières établies, mais les pierres angulaires des paradigmes, et, dans un sens, l'institution scientifique elle-même.
>
> *Edgar Morin*

LE BESOIN D'UNE NOUVELLE VISION

Une vision complexe

Concevoir l'être humain, c'est réfléchir sur ce qui le caractérise fondamentalement. Il est impossible de le saisir à partir d'un seul attribut ou d'une seule dimension. Ne cherchons pas un terme unique dans lequel nous pourrions l'enfermer. Toute réduction pèche par simplification, réduire l'être humain à une seule dimension, c'est l'appauvrir.

Le réductionnisme dénie à l'être humain la diversité propre qui constitue l'essence de l'être humain. Il privilégie toujours un point de vue, un élément ou une dimension et essaie de ramener l'être humain à ce point de vue, à cet élément ou à cette dimension. Le réductionnisme procède toujours de façon barbare et simpliste.

Ce qui caractérise l'être humain, c'est sa richesse et, plus encore, sa complexité. Est complexe ce qui est toujours multiple, enchevêtré, diversifié. Dans l'idée de complexité, il y a l'idée de multidimensionnalité et l'idée de lien qui sont importantes.

L'être humain est un tissu de relations, un enchevêtrement de dimensions qu'il est impossible d'isoler ou d'escamoter sans atteindre à son intégrité. On peut toujours traiter les dimensions séparément (comme nous l'avons fait, par souci de rigueur et de clarté méthodologique), mais il faut savoir que, *dans les faits*, les dimensions sont inséparables. Comment, par exemple, dissocier le corporel du mental, l'affectif du corporel, l'affectif du mental? Tout ce qui touche à l'un touche nécessairement à l'autre (aux autres) et inversement. Comment dissocier maintenant le mental du social, le mental du moral, le moral du social? Comment dissocier le corporel de l'écologique, le mental de l'écologique (de l'environnemental[1]), le social de l'écologique ? Encore une fois, c'est impossible.

Notre conception de l'être humain repose sur ce postulat fondamental : chez l'être humain, rien n'est isolable, l'être humain est plus qu'un ensemble de parties (de dimensions), c'est un *tout interrelationné*. Ne voir que les parties en ignorant les liens qui existent entre elles, c'est croire que l'être humain peut être découpé en pièces détachées. Ce sont les liens qui donnent son sens à la conception et qui assurent l'unité de la théorie. Toute prise de vue partielle sur la réalité est une abstraction, un point de vue momentané et local qui n'a de signification que s'il est replacé au sein du tout auquel il appartient. Nous isolons les choses pour mieux les comprendre et pour mieux nous comprendre entre nous ; dans la réalité, tout est relié, il n'y a rien d'isolé, tout est interdépendant. C'est cela la complexité.

Une vision globale

L'être humain est un fabuleux problème qu'il est impossible de circonscrire parfaitement et une fois pour toutes (heureusement !). Toute conception de l'être humain comporte ses limites, ses mutilations (eh oui !), ses réductions et ses propres simplifications. Notre conception de l'être humain, bien entendu, ne fait pas exception, et il serait plutôt prétentieux – et curieusement contradictoire ! – d'affirmer le contraire. Nous avons essayé de ratisser le plus large possible tout en sachant que, bien souvent, nous ne faisions qu'ouvrir des portes (en ne faisant qu'effleurer les

---

1. La notion d'écosystème est toujours un peu ambiguë : elle peut être envisagée dans son caractère local de niche écologique ou dans son caractère global d'environnement. D'où le choix des mots, du mot juste, qui est parfois difficile.

problèmes, en suscitant de nouvelles questions et de nouvelles interrogations), et qu'il nous était impossible de les refermer.

Nous aurions aimé nous attarder davantage aux problèmes du désordre, de la folie, de l'irrationnel qui, non seulement sont inhérents à l'être humain, mais qui s'inscrivent dans une dialectique complexe avec tout ce que l'être humain comporte d'ordre, de pratique, de rationnel. L'être humain n'a pas inventé seulement l'outil, la technique, la morale, la science, la culture, il a aussi inventé la violence, la fureur, l'ivresse, le meurtre, la barbarie. Ce qui fait la force de l'être humain (son gros cerveau) fait aussi sa fragilité et sa vulnérabilité[2]. L'être humain n'est pas une machine parfaitement huilée, c'est aussi un Dr Jekyll qui crée ses monstres, qui nourrit ses démons en nourrissant ses délires, ses frénésies, ses fantasmes, ses paroxysmes.

Nous aurions pu également nous attarder au problème de l'imaginaire chez l'être humain, à l'importance de l'art, du jeu, de la poésie, du mythe. Il aurait fallu lier en l'être humain tous les visages de l'être humain. Comme le dit Edgar Morin avec son énergie et son lyrisme habituels:

---

2. « Les Grecs faisaient observer que "si l'homme, à son point de perfection, est le meilleur des animaux, il est aussi, quand il rompt avec la loi et avec la justice, le pire de tous". *Corruptio optimi pessima*, la corruption du meilleur est la pire. Pour peu qu'on soit éveillé aux atrocités nazies, au Goulag, à la course effrénée aux armes de mort, et à tant d'autres exemples encore plus récents [...], on ne serait guère enclin de nos jours à nier qu'en effet l'être humain puisse s'avérer *pessimum omnium animalium* – de tous les animaux le pire. Et pourtant, les exemples de la contrepartie, d'héroïsme et de sainteté, ne manquent pas non plus. "La plus profonde difficulté de toute la doctrine de la liberté", écrit Schelling, réside en ceci qu'elle est "un pouvoir du bien et du mal" » (Thomas De Koninck, *De la dignité humaine*,1995, p. 148).

[...] S'il y a effectivement *homo sapiens, faber, oeconomicus, prosaicus*, il y a aussi, et c'est le même, l'homme du délire, du jeu, de la consumation, de l'esthétique, de l'imaginaire, de la poésie. La bipolarité *sapiens-demens* exprime à l'extrême la bipolarité existentielle des deux vies qui tissent nos vies, l'une sérieuse, utilitaire, prosaïque, l'autre ludique, esthétique, poétique.

[...] Si *homo* est à la fois *sapiens* et *demens*, affectif, ludique, imaginaire, poétique, prosaïque, si c'est un animal hystérique, possédé par ses rêves et pourtant capable d'objectivité, de calcul, de rationalité, c'est qu'il est *homo complexus*[3].»

Il aurait été intéressant de complexifier notre regard en nous attardant aux problèmes de la mort, de l'angoisse, de la souffrance, de l'existence, de l'individualité. Pénétrer dans la sphère de la conscience, de la liberté, de la subjectivité[4]. La «nature humaine» est bien ce que Marx appelait l'«homme générique» et ce que Morin, après lui, appelle *homo complexus*.

Mais comment dans un seul ouvrage cerner (ou penser cerner) ce tissu, cet écheveau dont nous n'avons démêlé que quelques fils, comment tenter autre chose qu'un premier débroussaillage, comment faire autrement que de se donner un premier portrait d'ensemble, une première photo de famille, une première image globale?

---

3. Edgar Morin, *La Méthode*, tome 5, *L'Humanité de l'humanité. L'identité humaine*, 2001, p. 130.
4. Tout ce qui touche à la philosophie de la conscience ou de la subjectivité n'a pas été abordé de front, non seulement pour des raisons pratiques (ceci ferait l'objet, bien entendu, d'un autre travail), mais aussi pour des raisons de *méthode*. C'est dire, encore une fois, toutes les limites et toute la portée de l'approche et de l'angle de vue que nous avons adoptés. Je remercie Edgar Morin d'avoir soulevé cette question ("la place de la subjectivité dans la conception"?) et aussi, sans l'oublier, je remercie mon ami Daniel Desroches qui, comme Edgar Morin, m'avait demandé de préciser un peu mieux ma position sur cette question.

On voit toutes les lacunes et toutes les limites de notre travail. C'est dire comment, face au problème qui se pose à nous (*comprendre l'être humain*), notre intention doit rester modeste. Il ne s'agissait pas d'innover, d'épater ou de chercher une quelconque originalité, mais de faire œuvre simplement *pédagogique*. Il s'agissait d'abord de démêler, de regrouper et de mettre ensemble des connaissances qui sont partout éparpillées, dispersées, emprisonnées dans des matières, des disciplines ou des spécialités. Puis, dans un deuxième temps, de mettre de l'ordre dans ces connaissances, de les structurer, de les relier et d'en faire une synthèse. Une synthèse, au moins, qui chercherait à montrer qu'on peut lutter contre les spécialisations, les fermetures, les compartimentations, en montrant qu'il est possible d'établir des relations entre les disciplines et de remettre en question le principe qui les disjoint, les isole et les empêche de communiquer entre elles.

LA RECHERCHE D'UN NOUVEAU PARADIGME

Le besoin d'une synthèse

Le besoin d'une synthèse était urgent ; il était impératif de procéder à une réarticulation du savoir et de relier les différents points de vue sur l'être humain, points qui se commandent réciproquement et qui correspondent à ses nombreux enracinements. C'est ce travail que nous avons entrepris dans cet ouvrage, sachant que l'édifice n'était pas à parachever, mais qu'il était à construire. On reconnaît les grands pôles qui ont servi de toile de fond et de soubassement théorique à notre conception. Résumons, mais en nous limitant vraiment à l'essentiel :

⤹ corps/affectivité/pensée/société/écosystème ⤸
physique/biologie/anthropologie/sociologie/écologie

- Le corps a un double enracinement: *physique et biologique*. C'est par son enracinement physique que nous nous inscrivons au sein du cosmos, cosmos au sein duquel se sont formés les particules élémentaires, noyaux et atomes qui nous constituent. Nos atomes se sont formés au sein des étoiles, dans les combustions solaires, là où se sont formés les premiers atomes de carbone nécessaires à la formation de la vie. Notre corps nous unit à la matière et, en nous unissant à la matière, il nous relie à nos origines. Nos origines sont solariennes et prennent racine dans un univers qui a quinze milliards d'années! Comment aurait-on pu croire qu'un jour, de cette aventure, la vie allait apparaître...

Par notre enracinement biologique, nous n'échappons pas à la «nature», à la matière, au cosmos, mais nous les prolongeons à travers une existence renouvelée et réinventée. Nous inclure dans la vie, c'est nous inclure au sein du monde vivant et du monde animal. Comme tous les êtres vivants, nous partageons le même ancêtre commun, la première cellule qui est née dans l'océan primitif il y a environ quatre milliards d'années. Nos origines ne sont pas seulement solariennes, elles sont aussi terriennes et océaniques.

Notre corps a gardé les traces du grand brassage marin; nous sommes nous-mêmes des assemblages de cellules et de molécules qui trahissent notre parenté avec tous les êtres vivants. La vie, en s'enracinant profondément au sein du corps, est *ce qui a donné vie au corps*. Et c'est cette vie qui nous permet de jouir, d'agir, de connaître, de penser, d'aimer, d'haïr... mais aussi de souffrir et de mourir. Mourir fait partie de notre destin biologique. Vivant, nous luttons pour la vie, nous luttons pour vivre, nous luttons pour survivre. La mort est inscrite dans la vie, inscrite dans le corps ; qu'elle vienne *de l'extérieur ou de l'intérieur*, nous la portons irrémédiablement en nous.

• L'affectivité est le trait d'union entre l'esprit et le corps, *le nœud gordien qui relie la biologie et l'anthropologie*. L'affectivité est apparue chez les mammifères, puis s'est développée chez les primates avant de connaître un élan et un développement spectaculaire en cours d'hominisation. Avec le temps, elle s'est enrichie, diversifiée, complexifiée.

De l'émotion aux sentiments et aux passions, il y a toute une gradation qui témoigne d'une longue évolution, d'un progrès continu qui, de transformation en transformation, aboutit chaque fois à quelque chose de neuf et d'inédit.

• Les émotions (comme la peur, comme la colère) sont encore très proches des instincts par leur brutalité et leur caractère spontané et incontrôlé. Les émotions sont des états affectifs intenses, parfois positifs et agréables, ils sont souvent désagréables et douloureux. Il est possible de les adoucir, c'est-à-dire de les domestiquer, mais c'est un travail qui reste limité. Les émotions sont engagées trop profondément au sein du corps pour qu'on puisse les contrôler totalement.

• Le sentiment est un peu comme une émotion dégrossie, dominée par la pensée. Moins intense que l'émotion, le sentiment est plus stable et peut se prolonger en l'absence de la personne ou de l'objet qui l'a provoqué. Le sentiment, à bien des points de vue, apparaît comme en prolongement évolutif de l'émotion ; plus raffiné, il serait pour ainsi dire comme une émotion intériorisée.

- Les passions participent à la fois des émotions et des sentiments selon qu'elles se rapprochent davantage du corps (toxicomanie, alcoolisme) ou de l'esprit (passion de l'art, passion du savoir, amour maternel). Elles sont pour ainsi dire à mi-chemin entre les deux ; très proches des sentiments, elles ne sont pas encore très éloignées des émotions (*cf. supra*). Elles peuvent être plus évoluées que les émotions, parfois plus évoluées que les sentiments, mais elles restent toujours difficiles à classer, comme tout ce qui relève de l'affectivité.

C'est le développement de la sexualité, le développement de la sensibilité et le développement de l'intelligence qui ont permis le développement de l'affectivité, d'abord chez l'individu, puis à l'intérieur des groupes, clans, tribus, ethnies. Chose curieuse, malgré les broderies, variations, stéréotypies, ritualisations que les cultures ont apporté au rire, aux pleurs, au sourire, on les retrouve dans toutes les cultures. Partout on retrouve joie, plaisir, bonheur, amusement, tristesse, chagrin, douleur. Les cultures peuvent les exprimer différemment, elles peuvent exhiber ou inhiber certains caractères, mais ceux-ci restent universels, c'est-à-dire propres à tous les êtres humains. Tous les humains sont capables d'amour, de tendresse, d'affection, d'amitié, de haine, de mépris, de colère, d'agressivité. Malgré la grande différence des cultures, malgré la grande diversité des comportements, habitudes, attitudes, rituels, modes, mœurs, ces différences n'ont pas altéré l'unité affective du genre humain. Au contraire, elles l'ont enrichie et diversifiée.

Le développement de l'affectivité a largement contribué au développement de l'individualité, lequel, en nourrissant de nouvelles rencontres, échanges, amitiés, inimitiés, amours, haines, a largement contribué au développement des sociétés. L'affectivité, en unissant l'esprit et le corps, unit l'individu et l'espèce, l'espèce et la société.

• La société, nous l'avons montré, n'est pas exclusive à l'homme. Ce qui est unique à l'être humain, *c'est la culture*[5] comme l'ensemble des règles, normes, croyances, savoirs, savoir-faire propres à une société, qui sont transmis de génération en génération et qui permettent à la société de se reproduire, de se régénérer et de se transformer. La culture est un capital de mémoire et d'organisation, un capital informationnel (oral/écrit) qui comporte une dimension cognitive et une dimension pratique. Elle sert d'engramme et de programme assurant à la fois l'autoperpétuation et le développement de la complexité sociale.

La culture prend en charge le développement de l'individu en assurant sa formation, son éducation, son insertion sociale. Elle l'intègre dans un réseau de communications, d'appartenances (familles, groupes, communautés), lui inculque un ensemble de croyances, de valeurs, d'habitudes, d'attitudes qui l'imprègnent mentalement, psychologiquement, affectivement. La culture est omniprésente et se prolonge à travers les loisirs, l'économie, le travail, les jeux, les fêtes et toutes les formes d'engagement et de participation sociale (communautaire, civique, politique). En imposant ses normes, tabous, contrôles, répressions, la culture va même étendre son emprise aux comportements les plus proprement (ou improprement!) individuels, la sexualité et la reproduction, fixant les règles du mariage (monogamie, mariage hétérosexuel) et l'organisation de la sexualité

---

5. «Il y a des pré-cultures dans le monde animal, mais la culture, comportant le langage à double articulation, la présence du mythe, le développement des techniques, est proprement humaine. Aussi, *homo sapiens* ne s'accomplit en être pleinement humain que par et dans la culture.»
Et un peu plus loin: «Le capital humain premier, c'est la culture. L'être humain serait sans elle un primate du plus bas rang» (Edgar Morin, *La Méthode*, tome 5, *L'Humanité de l'humanité. L'identité humaine*, 2001, p. 29).

(prohibition de l'inceste, institution de l'exogamie, condamnation de l'adultère). En s'immisçant dans la vie privée des gens et dans la sphère sexuelle, la culture a inventé la morale et l'interdit[6] !

La culture est au centre de la société et au centre de l'individu. Elle est le pivot de tout ce qui est langage, éducation, apprentissage, développement. Elle est ce qui détermine notre passé, ce qui est au cœur de notre présent et ce qui façonne notre avenir.

Culture, société, individu : ces termes sont inséparables. Nous sommes les produits d'une culture et d'une société, comme nous sommes les produits de notre héritage biologique et génétique. Notre identité subjective (personnelle) est à l'interface de cette double identité (génétique et culturelle, biologique et sociale). Nous n'avons pas une seule identité, mais plusieurs identités, notre identité est plurielle. Et cette identité, c'est aussi notre appartenance à l'écosystème, notre appartenance à la Terre, à la grande nature, qui est notre *identité planétaire*.

• Il y a deux menaces qui planent sur nous présentement : la menace nucléaire et la menace écologique. C'est la prise de conscience de la menace écologique qui est à l'origine de la nouvelle conscience écologique. Elle nous place devant notre communauté de destin et nous ordonne d'agir, car si nous n'agissons pas rapidement – dans un demi-siècle ? un siècle ? –, il sera déjà peut-être trop tard.

Les ravages causés à l'écosystème sont déjà importants. Nous avons atteint des niveaux de pollution qui perturbent

---

6. La morale, nous l'avons vu, doit être conçue comme faisant partie intégrante de la vie en société. Dans notre terminologie, nous avons présenté la morale comme une sous-dimension de la dimension sociale (*cf. supra*).

les écosystèmes en perturbant les équilibres climatiques, apportant tour à tour sécheresses et inondations, famines et pénuries. L'amincissement de la couche d'ozone, l'«effet de serre», la pollution, les déforestations massives ne sont que les conséquences visibles de nos prédations et de nos dévastations; les conséquences non visibles et non encore prévisibles sont incalculables et pourraient dépasser les pires appréhensions.

La nouvelle conscience écologique a changé l'idée de nature (qu'on voyait comme étrangère et extérieure à nous) et a changé l'idée de vie (qui consistait à extraire de l'énergie et de la matière de l'environnement sans se soucier des rétroactions et des déséquilibres que nos actes pouvaient provoquer). Nous avons découvert que l'écosystème est un tout organisé qui crée lui-même ses propres équilibres, ses propres régulations et qu'il n'est pas extérieur à nous, *mais qu'il s'inscrit au plus intime de nos vies (de nos sociétés) qu'il coproduit et coorganise.*

L'écologie est une science nouvelle qui n'existait pas il y a à peine deux siècles. C'est une science qui naît mais son apport est considérable pour tout ce qui touche à la biologie, à la sociologie et à l'anthropologie. Elle est d'une importance radicale car elle concerne rien de moins que l'avenir de la planète comme milieu habitable. Elle doit être partie intégrante de la nouvelle science de l'homme et partie intégrante de toute nouvelle conception de l'être humain.

• La pensée est au centre du paradigme, non parce que tout se ramène à elle, ce qui serait une autre forme (déguisée) de réduction, mais parce qu'on doit la concevoir comme un point de convergence. La pensée est la plaque tournante où communiquent le corps, l'affectivité, la société, l'écosystème. On doit la concevoir comme le « centre intégrateur et organisateur »[7] de tout ce qui est humain.

La pensée agit comme médiatrice entre les dimensions ; se situant au centre de la connaissance, du comportement et de l'action, la pensée est l'« instance psychologique » qui relie à la fois ce qui est physique, biologique, anthropologique, sociologique et écologique.

Sans la pensée, et ses extraordinaires capacités d'abstraction et de conceptualisation, l'homme ne serait resté rien de plus qu'un vulgaire animal. C'est la pensée qui nous permet de transformer notre rapport au corps, notre rapport à l'affectivité, notre rapport à la société, notre rapport à l'environnement. *La pensée est le principe d'intelligibilité sans quoi l'être humain n'est qu'un ensemble de dimensions réunies ou juxtaposées. C'est elle, en quelque sorte, qui donne sa pleine dimension à toutes les dimensions.* Elle est bien l'épicentre organisationnel, la plaque tournante de tout le complexe humain, ce qui lui donne son individualité propre, qui constitue l'essence de tout être humain, et qui fait de chaque être humain particulier un membre à part entière de l'humanité. Chacun ayant son identité propre, sa spécificité propre, son originalité propre.

L'école nous enseigne une foule de connaissances sur l'être humain, mais jamais elle ne nous enseigne comment utiliser toutes les possibilités incroyables du cerveau (de la pensée). Nous sommes d'avis avec Edgar Morin qu'il n'y aura pas de véritable science de l'homme sans une science

---

7. Expression, encore une fois, empruntée à Edgar Morin (voir *Le Paradigme perdu : la nature humaine*, 1973, p. 218 et ss.). Nous lui sommes redevables de nombreux termes utilisés dans cette section.

du mental[8]. Or, comme la science de l'homme, les connaissances déjà existantes sur le mental sont éparpillées. Elles n'ont pas été intégrées à une science du mental pouvant s'intégrer à une science de l'homme. Ce qui nous fait conclure que nous ne souffrons pas seulement d'un sous-développement moral; plus grave encore, nous souffrons d'un sous-développement mental. Edgar Morin a raison de parler de « préhistoire de l'esprit » et de « barbarie de la pensée », car c'est ce qui caractérise, selon lui, notre époque, cet « âge de fer planétaire » dans lequel nous nous enfonçons de plus en plus.

Un nouveau paradigme

Les récents progrès de la physique (cosmologie), de la biologie moléculaire, de l'anthropologie (éthologie et primatologie), de la sociologie et de l'écologie nous placent devant une nouvelle réalité : si on veut comprendre l'être humain, il faut faire appel à plusieurs *dimensions* ou plusieurs facteurs qui sont tous, comme on l'a vu, reliés et interdépendants. Tout concourt à une nouvelle vision de l'être humain qui, non pas isole les disciplines entre elles, mais établit des relations entre les disciplines.

---

8. « [...] Tous les problèmes de l'histoire et de la sociologie de *sapiens*, doivent, non pas se réduire à, mais converger sur le cerveau prodigieux, lequel enfin doit faire son entrée dans la science de l'homme, ne serait-ce que pour la faire naître » (*Le Paradigme perdu : la nature humaine*, 1973, p. 220). Le tome 4 de *La Méthode, Les idées. Leur habitat, leur vie, leurs mœurs, leur organisation,* nous donne un aperçu de ce à quoi pourrait ressembler une « science des idées ». Mais il reste tout un travail à faire avant d'assister à la révolution tant souhaitée. Sur le terrain des idées, cela suppose une réforme de l'entendement, ce qui suppose un changement au niveau des paradigmes. Le nouveau paradigme, le paradigme de complexité, ne peut pas encore naître car le paradigme de simplification n'est pas encore mort.

Une nouvelle vision de l'être humain doit procéder à une réorganisation du savoir afin de constituer la nouvelle science de l'homme, complexe et multidimensionnelle. Elle devra relier les sciences entre elles, relier les sciences physiques aux sciences biologiques, relier les sciences physiques et biologiques aux sciences humaines et aux sciences sociales. Elle devra se fonder sur un nouveau paradigme qui n'isole pas, ne réduit pas, ne mutile pas. Ce paradigme devra changer les mentalités en changeant nos modes de pensée réducteurs et disjonctifs. Il devra changer les habitudes disciplinaires qui traitent l'être humain au hachoir, le découpent en miettes et cherchent à l'expliquer à partir d'un principe unique, d'un schème simple ou d'une formule maîtresse.

Ce paradigme de complexité devra chercher partout les relations, articulations, solidarités, complémentarités. Il ne s'agit pas de nier les distinctions, oppositions, contradictions entre des connaissances diverses, mais de lutter contre les compartimentations, fermetures, réductions, hyperspécialisations.

La lutte n'est pas contre telle ou telle conception de l'être humain (contre le marxisme, contre le freudisme ou contre telle ou telle autre conception de l'être humain), mais contre une conception de l'être humain qui est incapable de le traiter dans toute sa complexité. Trente ans après *Le Paradigme perdu* (l'ouvrage), nous en sommes encore à l'ébauche et aux premiers balbutiements d'une science de l'homme. Nous cherchons toujours un paradigme capable de relier l'homme et l'animal, la nature et la culture : le « paradigme perdu » (« la nature humaine ») va-t-il enfin finir par voir le jour ?

*   *   *

> Croyez ceux qui cherchent la vérité, doutez de ceux qui la trouvent.
>
> *André Gide*

> Qui est plus méprisable que celui qui dédaigne la connaissance de lui-même ?
>
> *Jean de Salisbury*

Ce travail s'inscrit dans le prolongement de nos travaux sur Edgar Morin (en particulier sur *Le Paradigme perdu* et sur *La Méthode*[9]). L'orientation est différente mais l'inspiration, au fond, reste la même. Un peu comme Morin l'a fait dans *L'Humanité de l'humanité* (cinquième tome de *La Méthode*[10]), nous avons essayé de bâtir une conception capable de relier les différents points de vue sur l'être humain (les grandes dimensions) afin de pouvoir nous donner une vision globale de l'être humain. Une vision qui ne le simplifie pas et ne le mutile pas, mais qui essaie de le révéler dans toute sa richesse et toute sa diversité.

Nous sommes conscients qu'aucune conception, aucune théorie ne peut épuiser le réel et l'enfermer dans un système de pensée. Toute théorie, toute conception comporte sa béance, ses trous noirs, ses mystères qu'elle ne peut ni éclairer ni élucider. Elle est donc toujours limitée, insuffisante, incomplète, inachevée. Ce qui la pousse constamment à s'enrichir, à s'améliorer, à se remettre en question

---

9. Voir notre ouvrage sur Edgar Morin, Robin Fortin, *Comprendre la complexité. Introduction à La Méthode d'Edgar Morin*, 2000.
10. Cet ouvrage a été cité souvent, mais il est assez récent (novembre 2001). Il nous a aidés, bien sûr, à compléter et à enrichir notre propre conception.

en restant en dialogue avec d'autres théories, d'autres conceptions, d'autres systèmes de pensée.

Ce n'est pas autrement que nous envisageons notre propre conception, non comme quelque chose d'achevé, mais comme un modèle ouvert, un modèle heuristique, qui doit évoluer sans cesse à travers échanges, discussions, renouvellements.

Nous savons très bien ce que le mot « modèle » signifie. Le modèle est une construction intellectuelle, une idée qui porte sur un objet (ici l'être humain) et qui essaie d'en donner la description la plus exacte, la plus rigoureuse et la plus objective possible. Un modèle (comme un paradigme) est explicatif mais il n'explique pas tout[11]. Il ne doit surtout pas, de toute façon, avoir la prétention de tout expliquer. Il ne cherche pas à fixer la recherche une fois pour toutes, il cherche à la stimuler et à l'aiguillonner. Ne faisons pas l'erreur (trop fréquente) de prendre le modèle pour la réalité. Le modèle ne doit pas se substituer à la réalité ; il doit nous permettre d'approcher la réalité et de mieux nous la représenter.

Nous aimerions dire au lecteur : voici le portrait de l'être humain, final, global, complet, définitif. Ce serait lui mentir et nous mentir à nous-même. Ce serait aller à l'encontre, également, de ce que nous avons prêché tout au long de ce travail : l'être humain n'est réductible ni à aucun modèle,

---

11. Il y a dans tout modèle un travail d'abstraction (Weber, Whitehead) qui laisse de côté des éléments de la réalité qui dans un autre modèle pourraient être intégrés comme significatifs. Il y a dans la réalité, de toute façon, toujours quelque chose qui échappe au modèle. La réalité (et à plus forte raison, l'être humain) n'est et ne sera jamais parfaitement modélisable. Un modèle est une tentative de « systématisation » (est-ce le bon mot ?) qui doit toujours rester ouvert à l'apport extérieur, à la nouveauté, à la critique, à l'enrichissement.

ni à aucune théorie, ni à aucune conception. *L'être humain échappe, non seulement à toute définition simple, mais aussi à toute définition complexe.*

Ce livre, dans ce sens, ne peut se terminer que sous la forme d'un souhait, d'un espoir. Parler de l'être humain, c'est parler d'un sujet inépuisable; mais c'est parce que c'est un sujet inépuisable qu'il faut continuer à en parler et à en reparler. Nous espérons que ce travail nous aidera à mieux comprendre l'être humain et nous aidera, ce qui est plus important encore, *à en parler un peu plus*. Si ce souhait se réalise, nous aurons l'intime conviction que ce travail n'a pas été entrepris en vain.

BIBLIOGRAPHIE

ALAIN, *Définitions*, dans *Les Arts et les dieux*, Paris, Gallimard, coll. « La Pléiade », 1961, © 1958, 1442 p.

ALEGRIA, Jésus et autres, *L'Espace et le temps aujourd'hui*, Paris, Éditions du Seuil, 1983, 303 p.

ARISTOTE, *Éthique de Nicomaque*, trad. par Jean Voilquin, Paris, Librairie Garnier Frères, 1950, 528 p.

— *La Métaphysique*, trad. par Jean Tricot, Paris, Librairie philosophique J. Vrin, 1981, nouvelle édition, 2 tomes.

ATLAN, Henri, *À tort et à raison. Intercritique de la science et du mythe*, Paris, Éditions du Seuil, 1986, 444 p.

— *Entre le cristal et la fumée. Essai sur l'organisation du vivant*, Paris, Éditions du Seuil, 1979, 285 p.

AUFFRAY, Charles et Louis-Marie HOUDEBINE, *Qu'est-ce que la vie ?*, Paris, Le Pommier-Fayard, 1999, 159 p.

BACHELARD, Gaston, *La Formation de l'esprit scientifique. Contribution à une psychanalyse de la connaissance objective*, Paris, Libraire philosophique J. Vrin, 1972, 8ᵉ édition, 256 p.

— *Le Nouvel Esprit scientifique*, Paris, PUF, 1963, 8ᵉ édition, 179 p.

BATESON, Gregory, *Communication et société*, trad. par Gérard Dupuis, Paris, Éditions du Seuil, 1988, 346 p.

BATESON, Gregory et autres, *La Nouvelle Communication. Textes recueillis et présentés par Yves Winkin*, trad. par D. Bansard, A. Cardoen, M.-C. Chiarieri, J.-P. Simon et Y. Winkin, Paris, Éditions du Seuil, 1981, 372 p.

BAUDRILLARD, Jean, *La Société de consommation*, Paris, Gallimard, 1970, 318 p.

— *L'Échange symbolique et la mort*, Paris, Gallimard, 1976, 347 p.

BEAUD, Michel, *Histoire du capitalisme de 1500 à nos jours*, Paris, Éditions du Seuil, 1981, 357 p.

BERGSON, Henri, *Les Deux Sources de la morale et de la religion*, Paris, PUF, 1942, 340 p.

— *L'Évolution créatrice*, Paris, PUF, 1941, 372 p.

BOUKHARINE, N., *La Théorie du matérialisme historique. Manuel populaire de sociologie marxiste*, Paris, Éditions Anthropos,1969, 2e édition, 358 p.

BOURDIEU, Pierre, *La Distinction : critique sociale du jugement*, Paris, Éditions de Minuit, 1979, 670 p.

BRAHIC, André, Paul TAPPONNIER, Lester R. BROWN et Jacques GIRARDON, *La Plus Belle Histoire de la Terre*, Paris, Éditions du Seuil, 2001, 200 p.

BRAUDEL, Fernand, *Écrits sur l'histoire*, Paris, Flammarion, 1969, 314 p.

BROWN, Lester R. et autres, *L'État de la planète*, trad. par Henri Bernard, Paris, Éd. Economica, 1996, 284 p.

BROWN, Lester R. et autres, *L'État de la planète*, trad. par Henri Bernard, Paris, Éd. Economica, 2001, 223 p.

BRUCKNER, Pascal, *L'Euphorie perpétuelle. Essai sur le devoir de bonheur*, Paris, Grasset, 2000, 280 p.

CAILLOIS, Roger, *L'Homme et le sacré*, Paris, Gallimard, 1950, 246 p.

CAPRA, Fritjof, *Le Temps du changement. Science, société et nouvelle culture*, trad. par Paul Couturiau, Monaco, Éditions du Rocher, 1986, © 1983, 406 p.

CASENEUVE, Jean, *La Vie dans la société moderne*, Paris, Gallimard, 1982, 213 p.

CHALMERS, Alan F., *Qu'est-ce que la science ? Récents développements en philosophie des sciences : Popper, Kuhn, Lakatos, Feyerabend*, trad. par Michel Biezunski, Paris, Éditions La Découverte, 1987, 237 p.

CHANGEUX, Jean-Pierre, *L'Homme neuronal*, Paris, Fayard, 1983, 379 p.

BIBLIOGRAPHIE

CHANGEUX, Jean-Pierre et Paul RICOEUR, *Ce qui nous fait penser. La nature et la règle*, Paris, Éditions Odile Jacob, 1998, août 2000, 336 p.

CHAPEVILLE, François et autres, *Le Darwinisme aujourd'hui*, Paris, Éditions du Seuil, 1979, 189 p.

CHAUVIN, Rémy, *Des savants, pourquoi faire. Pour une sociologie de la science*, Paris, Payot, 1981, 185 p.

CLARKE, Robert, *De l'univers à nous, ou les hasards de la vie*, Paris, Éditions du Seuil, 1985, 154 p

— *Naissance de l'homme. Nouvelles découvertes. Nouvelles énigmes*, Paris, Éditions du Seuil, 2001, nouvelle édition, 300 p.

COLLONGUES, Robert et autres, *La Matière aujourd'hui*, Paris, Éditions du Seuil, 1981, 249 p.

COMTE-SPONVILLE, André, *Petit traité des grandes vertus*, Paris, PUF, 1995, 442 p.

COMTE-SPONVILLE, André et Luc FERRY, *La Sagesse des Modernes*, Paris, Éditions Robert Laffont, 1998, 736 p.

COPPENS, Yves, *Le Singe, l'Afrique et l'homme*, Paris, Fayard, 1983, 246 p.

CROZIER, Michel et Erhard FRIEDBERG, *L'Acteur et le système. Les contraintes de l'action collective*, Paris, Éditions du Seuil, 1981, 436 p.

De KONINCK, Thomas, *De la dignité humaine*, Paris, PUF, 1995, 244 p.

— *La Nouvelle Ignorance et le problème de la culture*, Paris, PUF, 2000, 203 p.

DESCARTES, René, *Discours de la méthode*, Paris, Garnier-Flammarion, 1966, 252 p.

DEWEY, John, *Expérience et éducation*, présenté et traduit par M.A.Carroi, Paris, Librairie Armand Colin, 1968, 147 p.

DOSTIE, Michel, *Les Corps investis. Éléments pour une compréhension socio-politique du corps*, Montréal, Les Éditions Saint-Martin 1988, 228 p.

DUBÉ, Louis, *Psychologie de l'apprentissage de 1880 à 1980*, Québec, Presses de l'Université du Québec, 1986, 364 p.

DUMAZEDIER, Joffre, *Vers une civilisation du loisir ?*, Paris, Éditions du Seuil, 1962, 309 p.

DUMONT, Fernand, *Les Idéologies*, Paris, PUF, 1974, 183 p.

DUMONT, René, *Un monde intolérable. Le libéralisme en question*, Paris, Éditions du Seuil, 1991, © 1988, 281 p.

DURAND, Daniel, *La Systémique*, Paris, PUF, 1979, 127 p.

DURKHEIM, Émile, *Les Règles de la méthode sociologique*, Paris, PUF, 1963, 15e édition, 149 p.

ECCLES, John C., *Évolution du cerveau et création de la conscience. À la recherche de la vraie nature de l'homme*, trad. par Jean-Mathieu Luccioni et Elhanan Motzkin, Paris, Flammarion, 1994, 368 p.

EINSTEIN, Albert, *Comment je vois le monde*, trad. par Maurice Solovine et Régis Hanrion, Paris, Flammarion, 1979, 189 p.

EINSTEIN, Albert et Léopold INFELD, *L'Évolution des idées en physique, des premiers concepts aux théories de la relativité et des quanta*, trad. par Maurice Solovine, Paris, Flammarion, 1983, 280 p.

ELIAS, Norbert, *La Civilisation des mœurs*, trad. par P. Kamnitzer, Paris, Calmann-Lévy, 1973, 342 p.

ERIKSON, Erik H., *Adolescence et crise. La quête de l'identité*, trad. par Joseph Nass et Claude Louis-Combet, Paris, Flammarion, 1978, 348 p.

FERRY, Luc et Jean-Didier VINCENT, *Qu'est-ce que l'homme ? Sur les fondamentaux de la biologie et de la philosophie*, Paris, Éditions Odile Jacob, © 1988, 1990, août 2001, 286 p.

FORTIN, Pierre, *La Morale. L'Éthique. L'Éthicologie. Une triple façon d'aborder les questions d'ordre moral*, Québec, Presses de l'Université du Québec, 1995, 124 p.

FORTIN, Robin, *Comprendre la complexité. Introduction à La Méthode d'Edgar Morin*, Paris/Québec, L'Harmattan/Les Presses de l'Université Laval, 2000, 206 p.

FOUCAULT, Michel, *Les Mots et les choses : une archéologie des sciences humaines*, Paris, Gallimard, 1966, 400 p.

— *Histoire de la sexualité*, tome II : *L'Usage des plaisirs*, Paris, Gallimard, 1984, 339 p.

FOULQUIÉ, Paul, *La Connaissance. Cours de philosophie*, Paris, Éditions de l'école, 1966, 550 p.

— *L'Action. Cours de philosophie*, Paris, Éditions de l'école, 1962, 500 p.

FOURASTIÉ, Jean, *Le Grand Espoir du XXe siècle*, Paris PUF, 1958, 249 p.

— *Les Trente Glorieuses ou La Révolution invisible de 1946 à 1975*, Paris, Fayard, 1979, 288 p.

FREITAG, Michel, *Le Dilemme des sciences sociales dans la post-modernité : étudier et orienter la société ou produire le social ?*, dans *Les Sciences humaines : état de lieux*. Sous la direction de Marcel Rafie, Québec, Les Presses de l'Université Laval, 1996, 190 p.

— *L'Oubli de la société : pour une théorie critique de la postmodernité*. Michel Freitag avec la collaboration de Yves Bonny, Québec/Rennes, Les Presses de l'Université Laval/Presses universitaires de Rennes, 2002, 433 p.

FREUD, Sigmund, *Abrégé de psychanalyse*, trad. par Anne Berman, Paris, PUF, 1975, © 1949, 84 p.

— *Introduction à la psychanalyse*, trad. par S. Jankélévitch, Paris, Petite Bibliothèque Payot, 1965, 444 p.

— *Malaise dans la civilisation*, trad. par Ch. et J Odier, Paris, PUF, 1971, 107 p.

— *Psychopathologie de la vie quotidienne*, Paris, Petite Bibliothèque Payot, 1979, 297 p.

— *Totem et tabou. Interprétation par la psychanalyse de la vie sociale des peuples primitifs*, trad. par S. Jankélévitch, Paris, Petite Bibliothèque Payot, 1988, 185 p.

FRIEDMANN, Georges, *Le Travail en miettes*, Paris, Gallimard, 1969, © 1964, 374 p.

FROMM, Erich, *Avoir ou Être ?*, Paris, Éditions Robert Laffont, 1978, 243 p.

— *Société aliénée et société saine. Du capitalisme au socialisme humaniste. Psychanalyse de la société contemporaine*, Paris, Le Courrier du livre, 1971, 2e édition revue, © 1956, 344 p.

FUKUYAMA, Francis, *La Fin de l'histoire et le dernier homme*, trad. par Denis-Armand Canal, Paris, Flammarion, 1992, 452 p.

GAGNÉ, Gilles et autres, *Main basse sur l'éducation*. Sous la direction de Gilles Gagné, Québec, Nota Bene, 1999, 294 p.

GLEICK, James, *La Théorie du chaos. Vers une nouvelle science*, trad. par Christian Jeanmougin, Paris, Flammarion, 1991, 431 p.

GOFFMAN, Erving, *La Mise en scène de la vie quotidienne*, tome II : *Les Relations en public*, trad. par Alain Accardo, Paris, Éditions de Minuit, 1973, 374 p.

GORZ, André, *Critique de la division du travail*. Textes choisis et présentés par André Gorz, Paris, Éditions du Seuil, 1973, 295 p.

GRAND'MAISON, Jacques, *Quand le jugement fout le camp : essai de déculturation*, Montréal, Fides, 2000, 334 p.

GROS, François, François JACOB et Pierre ROYER, *Sciences de la vie et société. Rapport présenté à M. le Président de la République*, Paris, La Documentation française (Éditions du Seuil), 1979, 288 p.

GUILLEBAUD, Jean-Claude, *Le Principe d'humanité*, Paris, Éditions du Seuil, 2001, 504 p.

HALL, Edward T., *La Dimension cachée*, trad. par Amélie Petita, Paris, Éditions du Seuil, 1971, 254 p.

HAWKING, Stéphen W., *Une brève histoire du temps. Du Big Bang aux trous noirs*, trad. par Isabelle Naddéo-Souriau, Paris, Flammarion, 1989, 236 p.

HAYEK, Friedrich August von, *Scientisme et sciences sociales. Essai sur le mauvais usage de la raison*, trad. par Raymond Barre, Paris, Plon, 1986, 181 p.

HEISENBERG, Werner, *La Nature dans la physique contemporaine*, trad. par Ugné Korvélis et A. E. Leroy, Paris, Gallimard, 1962, 190 p.

— *La Partie et le tout. Le monde de la physique atomique*, trad. par Paul Kessler, Paris, Albin Michel, 1972, 335 p.

JACOB, François, *La Logique du vivant. Une histoire de l'hérédité*, Paris, Gallimard, 1970, 354 p.

— *Le Jeu des possibles. Essai sur la diversité du vivant*, Paris, Fayard, 1981, 135 p.

JACQUARD, Albert, *Éloge de la différence. La génétique et les hommes*, Paris, Éditions du Seuil, 1978, 220 p.

— *Inventer l'homme*, Bruxelles, Éditions Complexe, 1991, nouvelle édition, 183 p.

— *Voici le temps du monde fini*, Paris, Éditions du Seuil, 1991, 183 p.

JACQUARD, Albert et Huguette PLANÈS, *Petite Philosophie à l'usage des non-philosophes*, Paris, Calmann-Lévy, 1997, 252 p.

JACQUARD, Roland, *L'Exil intérieur. Schizoïdie et civilisation*, Paris, PUF, 1975, 155 p.

JASMIN, Bernard, *De Socrate à Krishnamurti*, Montréal, Beauchemin, 1963, 118 p.

KANT, Emmanuel, *Critique de la raison pure*, trad. par A. Tremesaygues et B. Pacaud, Paris, PUF, 1984, 10e édition, 584 p.

KOESTLER, Arthur, *Le Cheval dans la locomotive. Le paradoxe humain*, trad. par Georges Fradier, Paris, Calmann-Lévy, 1968, 345 p.

— *Les Somnambules. Essai sur l'histoire des conceptions de l'univers*, trad. par Georges Fradier, Paris, Calman-Lévy, 1980, 582 p.

KROPOTKINE, Pierre, *L'Entraide, facteur d'évolution*, Paris, Stock, 1970, 388 p.

KUHN, Thomas S., *La Structure des révolutions scientifiques*, trad. par Laure Meyer, Paris, Flammarion, 1983, 284 p.

LABORIT, Henri, *Biologie et structure*, Paris, Gallimard, 1968, 187 p.

— *L'Esprit du grenier*, Montréal, Les Éditions de L'Homme, 1992, 295 p.

— *L'Homme imaginant*, Paris, Union générale d'éditions, 1970, 191 p.

LANGANEY, André, Jean CLOTTES et Jean GUILAINE, *La Plus Belle Histoire de l'homme. Entretien avec Dominique Simonet*, Paris, Éditions du Seuil, 1998, 201 p.

LEFEBVRE, Henri, *Pour connaître la pensée de Karl Marx*, Paris, Bordas, 1966, 277 p.

LÉVINAS, Emmanuel, *Le Temps et l'autre*, Paris, PUF, 1983, 91 p.

— *Totalité et infini : essai sur l'extériorité*, La Haye, Martinus Nijhoff, 1971, 4e édition, 284 p.

LÉVI-STRAUSS, Claude, *Anthropologie structurale*, Paris, Librairie Plon, 1958 et 1974, 480 p.

Textes de et sur Claude Lévi-Strauss réunis par Raymond Bellour et Catherine Clément, Paris, Gallimard, 1979, 497 p.

— *Les Structures élémentaires de la parenté*, Paris, Mouton, 1967, 591 p.

LÉVY-LEBLOND, Jean-Marc, *L'Esprit de sel. Science, culture, politique*, Paris, Éditions du Seuil, 1984, nouvelle édition, © 1981, 313 p.

LÉVY-LEBLOND, Jean-Marc et Alain JAUBERT, *(Auto)critique de la science*. Textes réunis par Alain Jaubert et Jean-Marc Lévy-Leblond, Paris, Éditions du Seuil, 1975, 310 p.

LIPOVETSKY, Gilles, *L'Empire de l'éphémère*, Paris, Gallimard, 1987, 340 p.

LORENZ, Konrad, *L'Agression. Une histoire naturelle du mal*, trad. par Vilma Fritsch, Paris, Flammarion, 1977, © 1969, 285 p.

— *Trois Essais sur le comportement animal et humain. Les leçons de l'évolution de la théorie du comportement*, trad. par C. et P. Fredet, Paris, Éditions du Seuil, 1974, © 1970, 240 p.

MACLEAN, Paul D., *Les Trois Cerveaux de l'homme*, traduit et commenté par Roland Guyot, Paris, Robert Laffont, 1990, 367 p.

MAGNANE, Georges, *Sociologie du sport*, Paris, Gallimard, 1964, 190 p.

MALINOWSKI, Bronislaw, *Une théorie scientifique de la culture*, trad. par Pierre Clinquart, Paris, Éditions du Seuil, 1970, 183 p.

MARCUSE, Herbert, *L'Homme unidimensionnel. Essai sur l'idéologie de la société industrielle avancée*, trad. par Monique Wittig, Paris, Éditions de Minuit, 1968, 312 p.

MARX, Karl, *Contribution à la critique de l'économie politique*, trad. par Maurice Husson et Gilbert Badia, Paris, Éditions sociales, 1977, 309 p.

— *Manuscrits de 1844*, trad. par Émile Bottigelli, Paris, Éditions sociales, 1969, 174 p.

MARX, Karl et Friedrich ENGELS, *L'Idéologie allemande* précédé de *Thèses sur Feuerbach*, trad. par Henri Auger, Gilbert Badia, Jean Beaudrillard, Renée Cartelle sous la responsabilité de Gilbert Badia, Paris, Messidor/Éditions sociales, 1982, 279 p.

MASLOW, Abraham H., *Vers une psychologie de l'être*, traduit et adapté par Mesrie-Hadesque, Paris, Fayard, 1972, 269 p.

MAUSS, Marcel, *Essais de sociologie*, Paris, Éditions de Minuit, 1971, 252 p.

— *Sociologie et anthropologie*, précédé d'une Introduction par Claude Lévi-Strauss, Paris, PUF, 1958, 4ᵉ édition, 482 p.

MERLEAU-PONTY, Maurice, *Phénoménologie de la perception*, Paris, Gallimard, 1945, 531 p.

MIGUELEZ, Roberto, *L'Émergence de la sociologie*, Ottawa, Les Presses de l'Université d'Ottawa, 1993, 175 p.

MILL, John Stuart, *L'Utilitarisme*, traduction et préface de Georges Tanesse, Paris, Garnier-Flammarion, 1968, 181 p.

MONOD, Jacques, *Le Hasard et la nécessité. Essai sur la philosophie naturelle de la biologie moderne*, Paris, Éditions du Seuil, 1973, © 1970, 244 p.

MORGAN, Clifford T., *Introduction à la psychologie*, trad. François Péraldi, Montréal, McGraw-Hill Éditeurs, 1976, 452 p.

MORIN, Edgar, *Introduction à la pensée complexe*, Paris, ESF éditeur, 1990, 158 p.

— *La Méthode*, tome 1, *Le Nature de la nature*, Paris, Éditions du Seuil, 1977, 399 p.

— *La Méthode*, tome 2, *La Vie de la vie*, Paris, Éditions du Seuil, 1980, 470 p.

— *La Méthode*, tome 4, *Les Idées. Leur habitat, leur vie, leurs mœurs, leur organisation*, Paris, Éditions du Seuil, 1991, 261 p.

— *La Méthode*, tome 5, *L'Humanité de l'humanité. L'identité humaine*, Paris, Éditions du Seuil, 2001, 287 p.

— *La Tête bien faite. Repenser la réforme, réformer la pensée*, Paris, Éditions du Seuil, 1999, 153 p.

— *Le Paradigme perdu : la nature humaine*, Paris, Éditions du Seuil, 1973, 246 p.

— *Pour sortir du XXᵉ siècle*, Paris, Éditions du Seuil, 1984, © 1981, 380 p.

— *Science avec conscience*, Paris, Éditions du Seuil, 1990, nouvelle édition, © 1982, 315 p.

MORIN, Edgar et Anne Brigitte KERN, *Terre-Patrie*, Paris, Éditions du Seuil, 1993, 220 p.

MORIN, Edgar et Jean-Louis Le MOIGNE, *L'Intelligence de la complexité*, Paris, L'Harmattan, 1999, 332 p.

MORIN, Edgar et Massimo PIATTELLI-PALMARINI, *L'Unité de l'homme. Essais et discussions présentés et commentés par M. Piattelli-Palmarini, A. Béjin et Edgar Morin*, Paris, Éditions du Seuil, 1978, © 1974, 3 tomes.

MOSCOVICI, Serge, *Essai sur l'histoire humaine de la nature*, Paris, Flammarion, 1977, nouvelle édition, 569 p.

— *La Société contre nature*, Paris, Union générale d'éditions, 1972, 444 p.

NIETZSCHE, Friedrich, *Le Gai savoir*, trad. par Alexandre Vialatte, Paris, Gallimard, 1950, 379 p.

ORTEGA y GASSET, José, *La Révolte des masses*, trad. par Louis Parrot, Paris, Gallimard, 1967, 250 p.

PASCAL, *Pensées*, texte établi par Léon Brunschvicg, Paris, Garnier-Flammarion, 1976, 376 p.

PECCEI, Aurelio, *Éduquer à la conscience planétaire*, dans *L'École et les valeurs*. Actes du congrès mondial des sciences de l'éducation, Québec, Serge Fleury Éditeur, 1981, 483 p.

PELT, Jean-Marie, *L'Homme re-naturé*, Paris, Éditions du Seuil, 1990, 266 p.

PETRELLA, Riccardo, *Le Manifeste de l'eau : pour un contrat mondial*, Bruxelles, Labor, 1998, 150 p.

PIAGET, Jean, *Biologie et connaissance. Essai sur les relations entre les régulations organiques et les processus cognitifs*, Paris, Gallimard, 1973, © 1967, 510 p.

— *La Naissance de l'intelligence chez l'enfant*, Neuchatel (Suisse), Delachaux et Niestlé Éditeurs, 1970, 7e édition, 370 p.

— *Le Structuralisme*, Paris, PUF, 1968, 2e édition, 124 p.

— *Problèmes de psychologie génétique*, Paris, Éditions Denoël, 1972, 174 p.

— *Six Études de psychologie*, Genève, Éditions Gonthier S.A., 1964, 188 p.

PICQ, Pascal, Jean-Pierre DIGARD, Boris CYRULNIK et Karine-Lou MATIGNON, *La Plus Belle Histoire des animaux*, Paris, Éditions du Seuil, 2000, 255 p.

PLATON, *Apologie de Socrate. Criton. Phédon*, trad. par Émile Chambry, Paris, Garnier-Flammarion, 1965, 187 p.

— *Premiers Dialogues*, trad. par Émile Chambry, Paris, Garnier-Flammarion, 1967, 442 p.

— *Protagoras et autres dialogues*, trad. par Émile Chambry, Paris, Garnier-Flammarion, 1967, 503 p.

POPPER, Karl R., *Conjectures et réfutations: la croissance du savoir scientifique*, trad. par Michelle-Irène et Marc B. de Launay, Paris, Payot, 1985, 610 p.

— *La Connaissance objective*, trad. par Jean-Jacques Rosat, Paris, Flammarion, 1998, 578 p.

— *La Logique de la découverte scientifique*, trad. par Nicole Thyssen-Rutten et Philippe Devaux, Paris, Payot, 1982, 480 p.

POURTOIS, Jean-Pierre et Huguette DESMET, *L'Éducation postmoderne*, Paris, PUF, 1997, 321 p

PRIGOGINE, Ilya et Isabelle STENGERS, *La Nouvelle Alliance: métamorphose de la science*, Paris, Gallimard, 1980, 302 p.

PROVOST, Serge, *Si on parlait de l'être humain*, Montréal, McGraw-Hill Éditeurs, 1990, 235 p.

REEVES, Hubert, *La Première Seconde. Dernières nouvelles du cosmos 2*, Paris, Éditions du Seuil, 1995, 251 p.

— *L'Heure de s'enivrer. L'univers a-t-il un sens?*, Paris, Éditions du Seuil, 1986, 279 p.

— *Oiseaux, merveilleux oiseaux*, Paris, Éditions du Seuil, 1998, 257 p.

— *Patience dans l'azur. L'évolution cosmique*, Paris, Éditions du Seuil, 1988 et 1981, 259 p.

REEVES, Hubert, Joël de ROSNAY et Yves COPPENS, *La Plus Belle Histoire du monde. Entretien avec Dominique Simonnet*, Paris, Éditions du Seuil, 1996, 186 p.

RIOUX, Jean-Pierre, *La Révolution industrielle 1780-1880*, Paris, Éditions du Seuil, 1971, 248 p.

ROCHER, Guy, *Introduction à la sociologie générale*, Montréal, Éditions Hurtubise HMH, ltée, 1969, 3 tomes.

ROGERS, Carl R., *Le Développement de la personne*, trad. par E. L. Herbert, Montréal, Bordas Dunod, 1976, 286 p.

ROMPRÉ, David, *La Sociologie. Une question de vision*, Paris/Québec, L'Harmattan/Les Presses de l'Université Laval, 2000, 169 p.

— *Sexe, stase et orgone. Les thèses du docteur Reich*, Paris/Québec, L'Harmattan/Les Presses de l'Université Laval, 2000, 89 p.

ROSE, Hilary et autres, *L'Idéologie de/dans la science*, Paris, Éditions du Seuil, 1977, 257 p.

ROSNAY, Joël de, *Le Macroscope. Vers une vision globale*, Paris, Éditions du Seuil, 1977, © 1975, 305 p.

— *Les Origines de la vie*, Paris, Éditions du Seuil, 1966, 1970, 190 p.

— *L'Homme symbiotique. Regards sur le troisième millénaire*, Paris, Éditions du Seuil, 1995, 1970, 349 p.

ROSTAND, Jean, *Esquisse d'une histoire de la biologie*, Paris, Gallimard, 1945, 247 p.

— *Pensées d'un biologiste*, Paris, Éditions Stock, 1978, 253 p.

ROUSSEAU, Jean-Jacques, *Discours sur l'origine et les fondements de l'inégalité parmi les hommes*, Paris, Garnier-Flammarion, 1971, 249 p.

— *Émile ou de l'éducation*, Paris, Garnier-Flammarion, 1966, 629 p.

SAGAN, Carl, *Cosmic connection ou l'appel des étoiles*, trad. par Vincent Bardet, Paris, Éditions du Seuil, 1975, 313 p.

— *Cosmos*, trad. par Dominique Peters et Marie-Hélène Dumas, Montréal, Éditions Sélect, 1981, 361 p.

SAINT-ARNAUD, Yves, *La Personne humaine*, Montréal, Les Éditions de L'Homme, 1974, 199 p.

SCHELER, Max, *La Situation de l'homme dans le monde*, trad. par M. Dupuy, Éditions Montaigne, 1951, 126 p.

SHAPIRO, Robert, L'Origine de la vie, trad. par Yves Bonin, Paris, Flammarion, 1994, 426 p.

SKINNER, B. F., Par delà la liberté et la dignité, trad. par Anne-Marie et Marc Richelle, Paris/Montréal, Éditions Robert Laffont/Éditions HMH, 1972, 269 p.

SORMAN, Guy, Les Vrais Penseurs de notre temps, Paris, Fayard, 1989, 445 p.

SOURIAU, Étienne, La Correspondance des arts. Éléments d'esthétique comparée, Paris, Flammarion, 1969, 319 p.

SPINOZA, Baruch, L'Éthique, trad. par Roland Caillois, Paris, Gallimard, 1954, 379 p.

TEILHARD de CHARDIN, Pierre, La Place de l'homme dans la nature. Le groupe zoologique humain, Paris, Union générale d'éditions, 1962, 187 p.

— Le Phénomène humain, Paris, Éditions du Seuil, 1955, 318 p.

TESTART, Jacques, Le Désir du gène, Paris, Flammarion, 1994, 281 p.

— L'Œuf transparent, Paris, Flammarion, 1986, 216 p

TINBERGEN, Niko, La Vie sociale des animaux. Introduction à la sociologie animale, trad. par L. Jospin, Paris, Petite Bibliothèque Payot, 1967. 186 p.

TOCQUEVILLE, Alexis de, De la démocratie en Amérique. Les grands thèmes, Paris, Gallimard, 1968, 381 p.

TOFFLER, Alvin, La Troisième Vague, trad. par Michel Deutsch, Paris, Éditions Denoël, 1980, 623 p.

ULLMO, Jean, La Pensée scientifique moderne, Paris, Flammarion, 1981, nouvelle édition, 315 p.

WATSON, James D., La Double Hélice, compte rendu personnel de la découverte de la structure de l'ADN, trad. par Henriette Joël, Paris, Robert Laffont, 1968, 217 p.

WATZLAWICK, Paul et autres, Une logique de la communication, trad. par Janine Morche, Paris, Éditions du Seuil, 1979, 280 p.

WEBER, Max, Essais sur la théorie de la science, Paris, Plon, 1992, 478 p.

WHITEHEAD, Alfred North, La Fonction de la raison et autres essais, trad. par Philippe Devaux, Paris, Payot, 1969, 226 p.

— *La Science et le monde moderne*, trad. par A. d'Ivéry et P. Hollard, Paris, Payot, 1930, 271 p.

WILSON, E. Osborne, *L'Humaine Nature (essai de sociobiologie)*, trad. par Roland Bauchot, Paris, Stock, 1979, 317 p.

YONNET, Paul, *Jeux, modes et masses. La société française et le moderne 1945-1985*, Paris, Gallimard, 1985, 380 p.